PÊCHEURS AUTOUR DU MONDE

Un an de voyage en mers lointaines

PÊCHEURS AUTOUR DU MONDE

Un an de voyage en mers lointaines

Guillaume Daoulas . Gilles Dufraisse

Illustrations de Mercè Cartañà i Arcediano

Éditions
de La Martinière

Partir pour voir le monde, pour s'aérer l'esprit, pour casser un peu la linéarité de nos vies, pour apprendre...

Une multitude de raisons peuvent expliquer le besoin irrépressible de partir. Le désir de voyage tient aussi de la pulsion : on ne résiste pas longtemps à l'appel de la route, de l'océan, des grands espaces, des « ailleurs ». Sans vouloir reprendre à notre compte cette formule de Claude Lévi-Strauss qui « *hait les voyages et les explorateurs* », nous ne concevions pas de barouder pour le simple plaisir de vivre des aventures picaresques dans des pays exotiques. Les rencontres sont plus que le sel du voyage : sans elles, le voyage n'est que déplacement. Pour donner un fil rouge, une cohérence à notre projet, nous avons décidé de faire le tour du monde en partant à la découverte des pêcheurs traditionnels. Pourquoi ?

Les pêcheurs traditionnels pratiquent leur activité à petite échelle, avec des outils de faible technicité, sur les côtes, près des lacs et rivières du monde entier. Ils sont porteurs d'un riche patrimoine non seulement culturel, fait de légendes et de coutumes, mais aussi technique, car les méthodes de capture du poisson sont extrêmement diversifiées. Témoins privilégiés de l'état de notre planète, ils comptent souvent parmi les premières victimes de la dégradation des écosystèmes marins ou encore de la surpêche.

Nous pratiquons la pêche depuis des années, sous toutes ses formes : une rencontre authentique avec nos confrères pêcheurs est donc envisageable. L'échange sera sans doute inégal, car on ne peut comparer le loisir à l'activité vivrière. Inégal, mais sincère ; et surtout, notre expérience sera un préalable à une discussion, à un partage qui dépassent le cadre strict de la technique de pêche. Cet intérêt commun permettra de percer des brèches, et d'entrer dans l'intimité de communautés d'ordinaire hermétiques. À condition de nous prêter au jeu et d'ouvrir à ces hommes et femmes une fenêtre sur nos vies, notre culture, nos âmes.

« Les grands voyages ont ceci de merveilleux que leur enchantement commence avant le départ même. On ouvre les atlas, on rêve sur les cartes. On répète les noms magnifiques des villes inconnues...[1] *»*

[1] Joseph Kessel, *La Vallée des rubis*, Paris, Gallimard, 1955.

Joseph Kessel a raison : qu'elle est grisante la liberté de poser l'index sur un point de la mappemonde et de s'imaginer les hommes qui y pêchent ! À quoi ressembleront nos rencontres avec eux ? Pourrons-nous tirer les filets ou plonger à leurs côtés, armés d'un harpon ? À ce stade, les possibilités sont encore infinies, et pourtant nous ne ressentons pas l'angoisse de la page blanche. « Un beau voyage », voilà ce que nous visons ; il y a une dimension presque esthétique dans l'organisation du périple, même s'il faudra savoir laisser jouer le hasard. Ces quelques mois où l'imagination est exaltée constituent déjà un début d'aventure, soutenu par la lecture des récits d'explorateurs et la collecte d'images de mers lointaines. À force d'argumenter nos choix auprès de nos amis, de nos proches, de nos soutiens, le voyage s'impose comme une évidence.

Ce livre n'a pas de prétention scientifique ou militante. Nous n'écrivons pas un réquisitoire contre la pêche industrielle, bien que nous soyons convaincus que les mers se vident là où passent les chalutiers. Par petites touches, à la manière des impressionnistes, nous voulons porter la voix des pêcheurs que nous avons rencontrés, sans les juger. Ces hommes et ces femmes nous ont embarqués sur leurs bateaux, nous ont ouvert leurs maisons et, bien souvent, leurs cœurs. Au-delà de leur activité de pêcheurs, ils ont un rapport à la nature et aux humains qui la peuplent, une vision du monde qui méritent notre attention.

Nous vous emmenons pour une année de découvertes à travers huit pays, en Afrique, en Asie et en Amérique latine. En boutre, en barque ou en pirogue, ce livre expose nos expériences au contact des pêcheurs traditionnels. Sans fard ni artifices, il y sera question de techniques de pêche, de poissons exotiques, de légendes marines et de rapports humains.

Nous vous souhaitons beaucoup de plaisir à la lecture de ce livre. Tâchons de faire mentir le cynique Sacha Guitry qui déclarait : « *En somme, je m'aperçois que les voyages, ça sert surtout à embêter les autres une fois qu'on est revenu*[2] *!* »

Bonne pêche !

[2] Sacha Guitry, *Le Petit Carnet rouge et autres souvenirs inédits*, textes rassemblés et présentés par Henri Jadoux, Paris, Perrin, 1979.

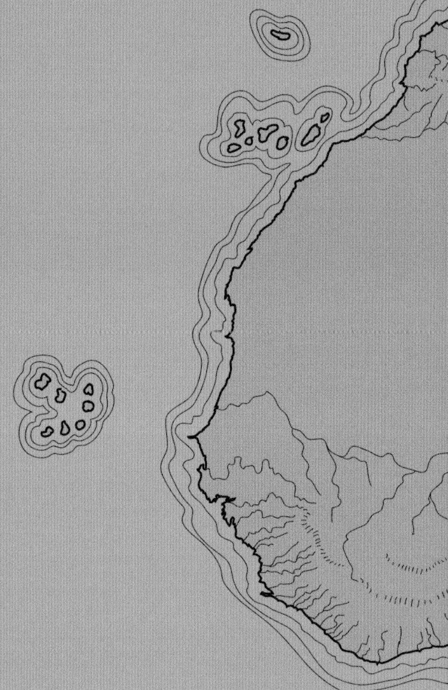

AFRIQUE

KENYA

Durée de l'escale : 38 jours.
Modes de transport : bus, matatu (minibus), tuk-tuk, pikipiki (moto-taxi), ânes, nos jambes.
Équipement spécifique : un bon appareil photo pour un pays très photogénique.

TANZANIE

Durée de l'escale : 33 jours.
Modes de transport : bus, boutre, avion, nos jambes.
Équipement spécifique : de solides compétences en swahili. La leçon commence avec *Le Roi Lion* de Walt Disney dont une partie des noms de personnages et certaines chansons proviennent de la langue swahilie.

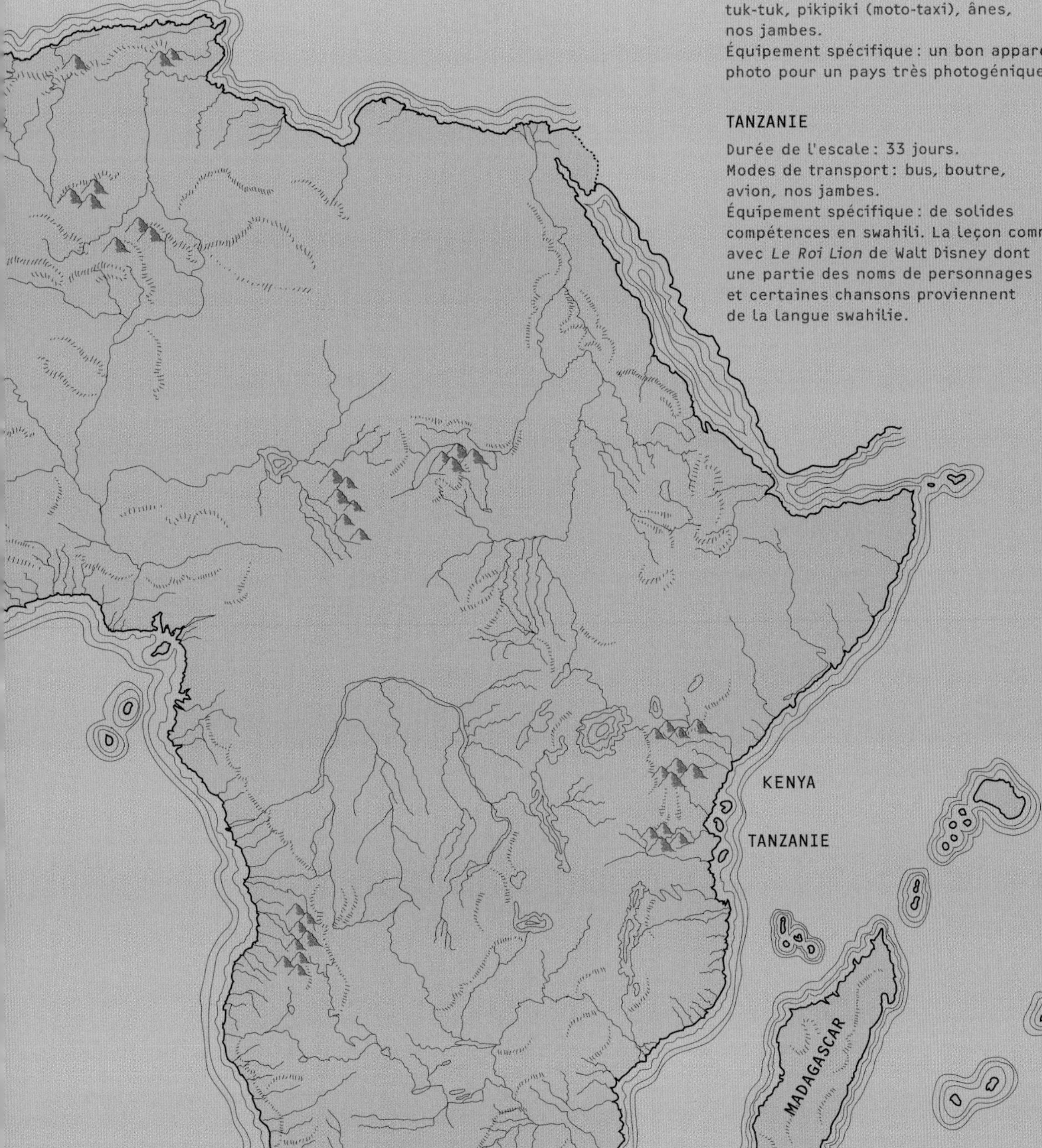

MADAGASCAR

Durée de l'escale : 49 jours.
Modes de transport : taxi-brousse, moto, barque, pirogue, train, nos jambes.
Équipement spécifique : de la patience. Les trajets en taxi-brousse sont longs, très longs à Madagascar.

AFRIQUE / Madagascar / population : 20 millions • production de poisson : 145 000 tonnes • 200 000 emplois dans le secteur de la pêche • 133 millions d'euros de poisson exporté • 62 000 pêcheurs dont 61 000 pêcheurs traditionnels.

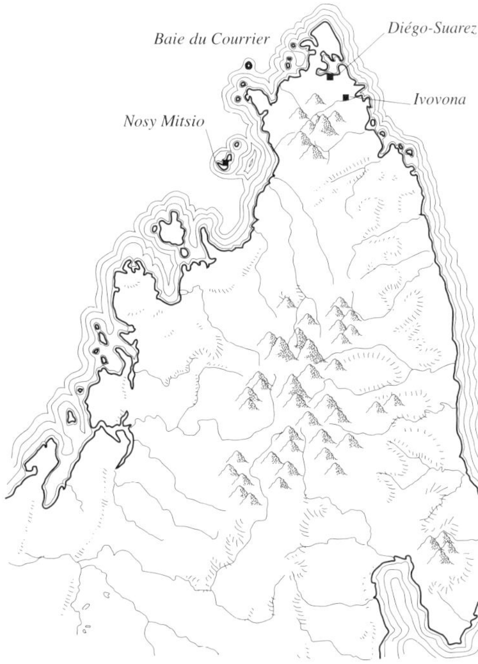

MADAGASCAR

Avec plus de 5 000 kilomètres de côtes et 130 000 tonnes de poisson pêché en 2008 selon l'Organisation des Nations unies pour l'alimentation et l'agriculture (FAO), la pêche est évidemment une activité importante à Madagascar, premier pays où nous posons nos bagages. La pêche industrielle concentre plus d'une centaine de bateaux étrangers (dont environ 40 français), qui paient des licences à l'État malgache pour sillonner les eaux territoriales de la grande île. Ces chalutiers ciblent principalement le thon, exporté ensuite vers l'Europe ou le Japon.

Mais il existe également une pêche traditionnelle, pratiquée par l'écrasante majorité des pêcheurs malgaches à bord de pirogues non motorisées, principalement sur la façade ouest du pays où la houle est plus clémente pour leurs petites embarcations. Ces pêcheurs exercent leur activité sur une bande côtière d'environ 10 kilomètres et ciblent poissons, crevettes, crabes, concombres de mer dits ici « trépangs », et langoustes ; la difficulté d'accéder par la route à nombre de villages est un frein considérable à leur activité, car elle complique la collecte des prises et l'approvisionnement en matériel de pêche. Partout, la surpêche menace leur avenir.

Sur le chemin d'Ampasindava

Aucune route ne conduit à Ampasindava, le village isolé que nous avons repéré sur la carte dans la région d'Antsiranana, à l'extrême nord de l'île. Soit nous coupons à travers la montagne, soit nous longeons la côte en suivant les baies des Dunes, des Pigeons et de Sakalava, et en empruntant la plage d'Orangea. Sur cette dernière, les ruines d'un ancien camp militaire rappellent la présence passée des forces françaises jusqu'en 1976. Le camp est aujourd'hui gardé par quelques soldats malgaches. Pour le traverser, il faut donner un billet, une sorte de petit racket grâce auquel survivent ces soldats du bout du monde. Nous préférons l'option économique et grimpons les pentes de la montagne.

Plein est, nous fuyons le soleil pour nous diriger vers les Trois Baies. Comme un écho de nos pas, un son sec et bref retentit à travers les arbustes. Un homme torse nu, la sueur ruisselant entre ses muscles saillants, sort de la forêt. Avec sa petite hache au manche tordu, il creuse dans un énorme tronc pour fabriquer une pirogue. Ces embarcations faites d'un seul morceau sont très répandues dans le pays. On parle de pirogues « monoxyles ». Le dialogue est difficile, mais nous voyant perdus, il nous conduit dans une petite cabane en bois et nous sert une tasse d'eau brunâtre avant de nous montrer du doigt le chemin à suivre.

Quelques kilomètres et le sentier s'élargit enfin, les zébus sont de plus en plus nombreux ; pas de doute, nous touchons au but. Un jeune garçon qui marche à une cadence hallucinante nous double. Sur un bâton, il transporte une dizaine de poulpes embrochés encore gluants et dégoulinants d'encre.

Le pont de Marivorahona

Roulant depuis une vingtaine d'heures en provenance de Tananarive, notre camionnette surchargée freine brusquement. Les trois chauffeurs échangent quelques mots et nous font signe de descendre.
Le pont sur lequel la vieille Renault allait s'engager vient de s'effondrer. En contrebas, un camion éventré laisse échapper sa cargaison de 35 tonnes de sacs de ciment dans la rivière. Le conducteur est sain et sauf, encore un peu étourdi par l'incroyable chute qu'il vient de subir.
En quelques minutes, les habitants de Marivorahona s'organisent. Ils tentent de sauver les sacs qui n'ont pas encore pris l'eau tandis que quelques enfants rusés chapardent des objets flottants.
Tout le monde s'y met, dans la bonne ambiance ! Avant que l'obscurité ne s'abatte sur nous, une caravane s'organise pour transporter les marchandises de l'autre côté de la rivière. Les pierres limoneuses sont glissantes et plusieurs femmes font de lourdes chutes. Heureusement, le courant est faible pendant la saison sèche.
En attendant la reconstruction qui prendra plusieurs mois, un chemin de pierre sera improvisé une centaine de mètres en aval afin de rétablir l'importante liaison Tananarive – Diégo-Suarez.

Ci-dessus, un zébu de Mitsio. Il ne sera abattu que pour une grande occasion.
À droite, un nouveau bateau prendra bientôt la mer à Port-Saint-Louis.

Une, puis deux, et enfin des dizaines de cases.

Les villageois sont ahuris, les enfants courent prévenir leurs parents, faisant s'envoler poules et canards. Embarrassés par l'effet que nous produisons, nous continuons de marcher, les narines remplies de poussière, sans savoir où nous sommes. Un homme nous interpelle. Jomaz parle français.

« Que faites-vous à Ivovona, mes amis ? »

Loin d'Ampasindava où nous espérions être, nous expliquons le but de notre visite. Cet après-midi, le village se réunit pour réfléchir à la diversification des ressources des habitants. La pêche est au cœur du débat, une aubaine pour nous !

Les pêcheurs de Ramena tirent de toutes leurs forces sur le filet.

Roe vit à Ramena, village de pêcheurs situé à quelques dizaines de kilomètres de Diégo-Suarez, la principale ville du nord du pays. Coiffé de son éternel chapeau de feutre noir, il est la mémoire vivante de la région. Il nous affirme qu'il a quatre-vingt-douze ans. Et il tire les filets remplis de thons avec plus d'ardeur que certains jeunots !

Rencontre avec les pêcheurs d'Ivovona

Chaleur assommante sous les tôles de la salle commune d'Ivovona. Le mobilier est rudimentaire : un bureau, quelques chaises et des bancs en bois. Tout le village s'est déplacé, y compris les femmes et leurs nourrissons. Les hommes mâchent du khat, cet arbuste dont les feuilles ont un effet stimulant et colorent la langue en vert.

Nous sommes assis à côté de Jomaz Andry. Il travaille pour l'ONG Conservation International[3], qui soutient le village d'Ivovona. Les changements qu'elle a apportés ont été nombreux : création d'une réserve marine autour du village, où la pêche est interdite de janvier à avril (période de reproduction du poisson), utilisation de filets aux mailles plus larges… L'ONG soutient des projets de diversification économique pour le village, comme le développement de l'élevage de volailles, par exemple, l'objectif étant de le rendre moins dépendant de la pêche.

– Avez-vous l'impression que la pêche est aussi fructueuse que dans le passé ?

– Je m'appelle Hasina, et ça fait plus de trente ans que je pêche autour d'Ivovona. Quand j'étais jeune, il y avait tellement de poisson que les marchands de Diégo-Suarez[4] ne nous en achetaient plus. Aujourd'hui, la vie est plus difficile, surtout que les pêcheurs sont de plus en plus nombreux. Il n'y a plus assez de poisson pour tout le monde. J'espère vraiment que mes petits-enfants ne seront pas pêcheurs, c'est trop dur comme métier.

– Que pensez-vous de la création de cette réserve marine ? Les pêcheurs industriels représentent-ils un problème pour vous ?

– Je parle en mon nom propre, mais je pense que tout le monde est d'accord pour dire que la pêche est un peu meilleure depuis que la réserve a été créée. Le problème, c'est que certains pêcheurs des villages voisins ne respectent pas les règles et viennent pêcher au large d'Ivovona. Vraiment des voleurs, les types d'Ambodivahibe ! N'y allez pas, ils seraient capables

[3] Cette ONG américaine a pour objectif la protection des points chauds de biodiversité sur le globe.
[4] Ancien nom d'Antsiranana, couramment usité.

Un petit coup de main pour tirer le filet.
À droite, sortie de la réunion.

de vous dépouiller. Je ne pense pas qu'on soit affectés par la pêche industrielle car, avec leurs gros bateaux, ils pêchent loin au large.

– Et le développement du tourisme ?
– Bien sûr que nous sommes en faveur du tourisme. Vous en pensez quoi, vous, les vazaha[5] *?*

Pas de réponse évidente à cette question. Nous leur parlons de l'écotourisme et de l'intérêt qu'éprouvent certains touristes pour des découvertes authentiques plus que pour des complexes standardisés. Pourquoi ne pas faire découvrir les techniques de la pêche traditionnelle aux touristes ?

La discussion dérive ensuite sur les espèces de poisson pêchées en France. Les pêcheurs sont très curieux et demandent qu'on leur décrive nos bars et autres merlus.

Alors que la réunion s'achève, les pêcheurs viennent tour à tour nous saluer. Ces poignées de main ont quelque chose de très solennel, comme si nous venions d'accomplir une mission cruciale pour le village. Dans une atmosphère empourprée où les rayons du soleil couchant se mêlent à la poussière de latérite, nous traversons le village d'Ivovona. Quelques enfants nous suivent, intrigués par la présence de deux *vazaha* dans leur village, et les habitants lèvent tous la main à notre passage.

Assis devant la modeste case de Noro, on nous sert du riz et du crabe en sauce. *Tsara be*[6] ! Le crabe vient de la mangrove, à quelques centaines de mètres du village, difficile de faire plus frais !

[5] « Étranger », en malgache.
[6] « Délicieux », en malgache.

Le thazard rayé

De la famille des maquereaux, il a un corps argenté marqué de rayures sombres. Sa nageoire dorsale ressemble à un aileron. C'est le poisson le plus recherché par Rero et son équipage car il vit près des côtes et sa chair grasse est très estimée.

« Si vous avez un thazard au bout de votre ligne, vous le saurez très vite. C'est un poisson extrêmement rapide qui se bat jusqu'à son dernier souffle. Il vaut mieux que vous donniez votre ligne à Mahavell si par chance vous en ferrez un ! » prévient le capitaine.

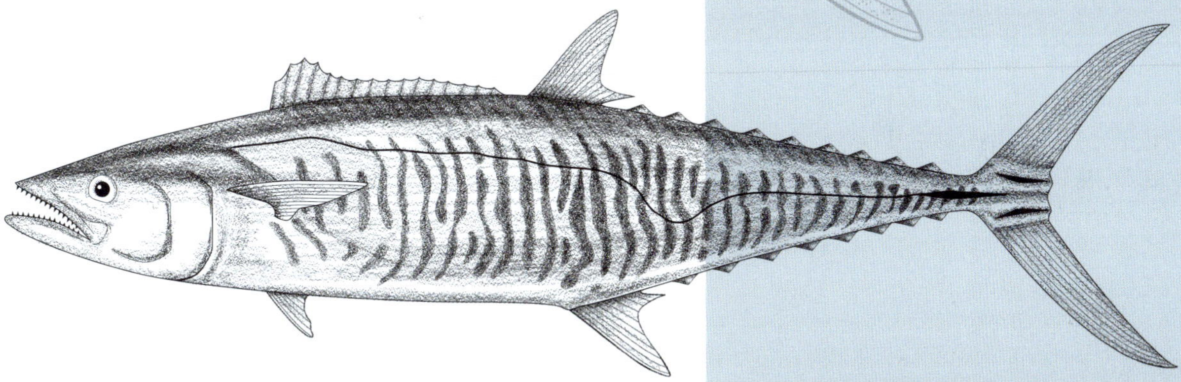

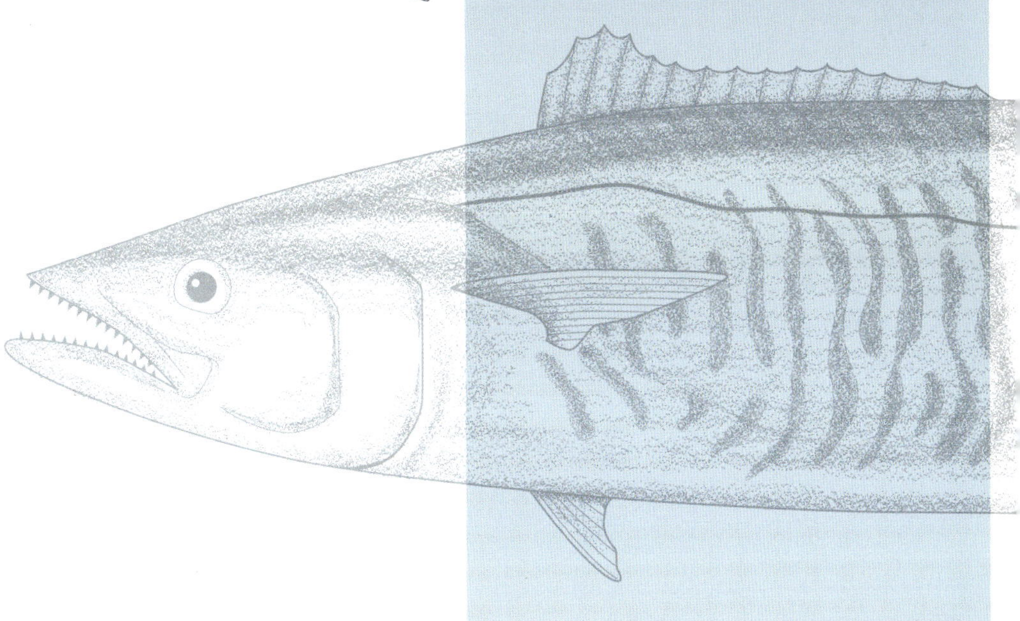

La baie du Courrier

Jojo est un notable de Diégo-Suarez, un homme d'affaires avisé qui a su ne pas mettre tous ses œufs dans le même panier. Il possède des taxis, une poissonnerie et des bateaux de pêche. Après avoir avalé deux ou trois verres de l'excellent rhum malgache, il nous propose de partir pêcher avec un des équipages qui approvisionnent sa boutique. Le marché est simple : nous payons notre part de l'essence et nous récupérons le produit de la vente du poisson que nous aurons pêché.

À six heures du matin, nous embarquons dans un 4x4 vers la baie du Courrier. La route est cahoteuse. De grandes étendues désertes à perte de vue. Les deux employés de Jojo qui ne conduisent pas s'échangent une fiole de rhum ambré tandis que la musique de Wawa et Tence Mena, les deux stars de la pop malgache, nous berce.

À l'arrivée, il faut charger le poisson qui vient d'être pêché dans des bacs de glace que le véhicule va s'empresser de ramener à la ville. La pêche a été miraculeuse et les pêcheurs arborent de larges sourires. Carangues, capitaines, thazards et autres mérous. Deux petits requins, même.

Rero, le capitaine, annonce que le départ est retardé. Il semble peu enthousiaste à l'idée de nous accueillir sur son bateau. Heureusement qu'Étiennette est là. Nous sentant un peu déprimés, elle nous prend sous son aile et nous régale de sa cuisine. Son thazard fumé est un délice. Et que dire de ses beignets de crevettes à la sauce aigre-douce ! On sent dans cette cuisine malgache une grande influence asiatique.

Une vingtaine de pêcheurs habitent dans la baie, dans de petites baraques en tôle. Ici, les enfants ne sont pas scolarisés car la ville est trop éloignée. Quelques zébus paissent dans les hautes herbes et de nombreux morceaux de requin sèchent sur les branches des arbres.

Le lendemain après-midi, la nouvelle tombe : le départ est imminent. Nous achetons dans l'unique épicerie du village du riz et des bananes séchées pour tenir quarante-huit heures en mer.

Le temps semble s'être arrêté dans la baie du Courrier.

Guillaume expose ses prises pêchées dans la mer d'Émeraude. À droite, un pêcheur s'apprête à pénétrer dans la mangrove labyrinthique avec sa pirogue à balancier.

Deux jours en mer à bord d'une barque de 5 mètres de longueur

Nous embarquons enfin, malgré le scepticisme de Rero sur les conditions météorologiques. Le vent souffle encore fort et des moutons d'écume se promènent sur la mer. La barque en bois à la peinture défraîchie ne dépasse pas 5 mètres. Rafistolée un peu partout, on imagine bien les tonnes de poisson qu'elle a à son actif. Le vieux Yamaha de 20 CV qui peinait à démarrer nous éloigne lentement de la côte. Plus qu'un vieux pêcheur réputé, Rero est également un mécanicien hors pair. « *Une panne de moteur au beau milieu du canal du Mozambique peut être fatale* », lâche le capitaine qui sourit de nous voir blêmir.

Une fois en haute mer, Rero, qui tient la barre, nous fait signe de nous approcher pour écouter les consignes. Nous nous placerons à la proue aux côtés de Mahavell, l'homme qui rit, et resterons à ce poste jusqu'au lever du jour. Il nous enseigne les premiers éléments à maîtriser pour la pêche à la palangrotte, technique qui consiste à prendre le fil en main et à attendre qu'un poisson morde l'hameçon sur lequel pend un morceau de viande. D'un mouvement ample et dynamique, il simule le geste parfait. Nous l'imitons. « *Bravo, pas mal pour des Français !* » commente-t-il avec un clin d'œil. Si le poisson est trop lourd pour être remonté à bord, Mahavell nous portera secours avec son croc de boucher. Curieusement, c'est avec l'un des plus petits poissons qu'il faut être le plus attentif. Le chirurgien ne dépasse pas 40 centimètres, mais à en croire Rero, il faut s'en méfier bien plus que d'un barracuda. Ce poisson doit son nom à la lame qu'il porte à la base de sa nageoire caudale, aussi coupante qu'un scalpel, et à son épine dorsale. Nous devons donc prendre soin de couper ses nageoires avant de le jeter dans le bac à glace. La leçon terminée, le professeur devient très amical et nous serre chaleureusement la main. « *Nous allons bien nous entendre. Tout va bien se passer, les jeunes.* »

Tsia se montre indifférent à notre égard et reste concentré sur la lame qu'il frotte lentement contre une pierre à affûter. À l'inverse, Anis n'hésite pas à nous faire part de ses pêches les plus fructueuses et nous fait rêver d'espadons, de requins et de marlins. À voir ses mains parcheminées et couvertes de cicatrices, on imagine des combats sanglants. Quant à Mahavell, il ne parle pas le français et s'adresse à nous comme si nous maîtrisions parfaitement le malgache.

Ci-dessus, une baleine à bosse marque sa présence dans la baie du Courrier. Ci-dessous, la technique de la pêche à la palangrotte.

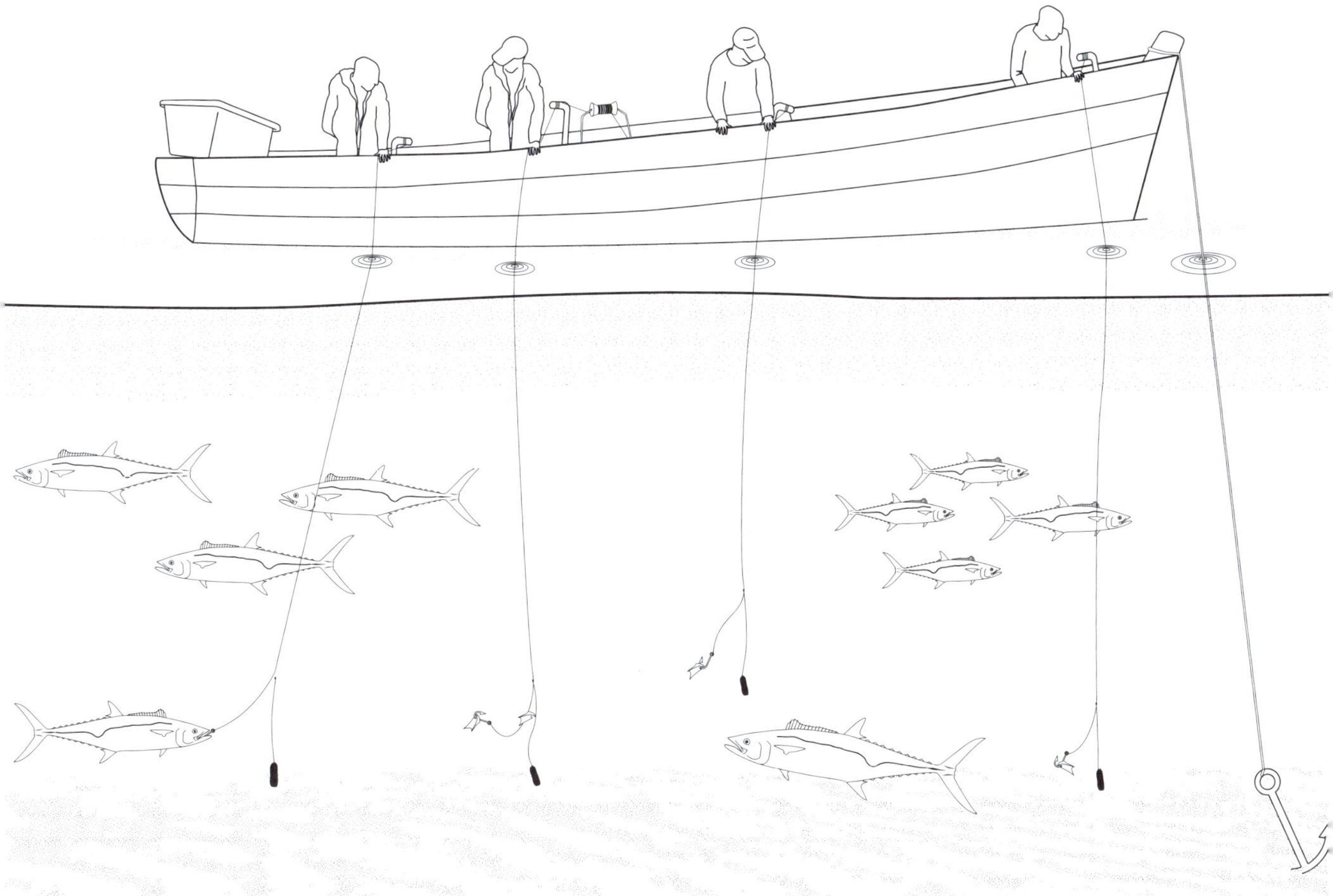

Les déplacements à bord de la petite barque sont très limités. Chacun reste à sa place sur un morceau de planche amovible faisant office de siège et exécute sa tâche : monter les lignes, écoper, tenir la barre. L'organisation doit être performante et les gestes économes lorsque six hommes travaillent en équipe sur un espace si restreint pendant deux jours ! Tout doit être à portée de main : son couteau, sa ligne, les appâts. Quant aux besoins personnels, il faut un certain sens de l'équilibre.

Le soleil plonge derrière les lointaines falaises de Nosy Hara.

Seuls les ballottements désormais violents et les giclées d'eau salée nous rappellent que la barque est loin de la terre. Rero garde son cap, durant six longues heures, avant de couper le moteur. L'ancre jetée, l'effet de la houle s'intensifie : les vagues nous font valser à leur rythme et il faut s'agripper aux rebords pour ne pas tomber. Chacun prépare sa palangrotte et lance sa ligne à l'eau. Les prises sont rares. Quelques heures passent. Enfin, la ligne claque et se tend. Le fil de nylon qui frotte contre la coque en bois émet quelques fausses notes. Nous tirons si fort que nous garderons un souvenir de cette bataille sur nos doigts endoloris. La bête agonise. Sous notre lampe frontale, un petit requin-marteau de 1 mètre environ est épuisé. « *Mahavell, viens nous aider !* » crie Gilles qui manque de passer par-dessus bord.
Le bourreau fait son office en assénant un coup sec sur la tête du squale avec son croc. Quelques carangues s'ensuivent, mais pas de quoi satisfaire l'équipage. À bord, plus un échange, chacun rentre dans sa bulle et se concentre sur sa tâche, comme un automate. On entend Anis qui écope régulièrement en raclant le fond de la barque. Tsia, en équilibre sur le bord de la barque, s'endort ; seul son bras continue sans répit de s'animer, effectuant le geste que le capitaine nous a enseigné.

Aux premiers rayons du soleil, Rero tire trois coups secs sur la cordelette du moteur et prend la direction du sud. Les visages sont renfrognés et les rares sourires forcés traduisent une certaine lassitude. Nous exécutons les ordres de l'équipage, mais nos gestes encore bien maladroits commencent à agacer. « *C'est trop long !* » vocifère Anis en nous voyant peiner à faire un nœud marin. Après cette nuit agitée, nous prenons trois heures de repos sur un îlot au sable brûlant, peuplé d'arbustes épineux. En quelques minutes, les pêcheurs improvisent un barbecue. Comme à bord, chacun a son rôle et les gestes sont précis. Les uns préparent le poisson, les autres ramassent quelques branches mortes pour le feu ou des pierres pour fabriquer un trépied et y faire cuire le riz dans une vieille marmite. Au menu : du capitaine rouge grillé sur son lit de riz blanc. Le poisson serré entre deux branches est ficelé avec une herbe verte au-dessus des braises ; le parfum de la fumée qui s'en

dégage, pour des ventres affamés, est un vrai supplice. Rassasié, chacun s'effondre dans un coin d'ombre et s'endort.
Nouveau départ, les vagues se creusent et dépassent 4 mètres, le ciel s'est assombri et nulle terre n'est en vue. Rero est déterminé à continuer même si la navigation devient compliquée. Sans dire mot, Anis pointe son doigt vers l'horizon. Une île ? Un bateau ? Une large queue de baleine à bosse sort de l'eau. L'énorme bête frappe la surface de la mer avec sa nageoire caudale ; à croire que c'est elle qui nous secoue en générant ces vagues toujours plus hautes ! Ce comportement traduit, d'après les spécialistes, une irritation ou la volonté de transmettre un message. Nous demanderait-elle de quitter son territoire ? Est-elle simplement curieuse de savoir qui ose braver la mer en colère à bord d'une vulgaire coquille de noix ? À nous voir ébahis devant un spectacle aussi banal, les trois pêcheurs rient franchement. Seul le capitaine reste impassible. A-t-il compris le message du cétacé ?

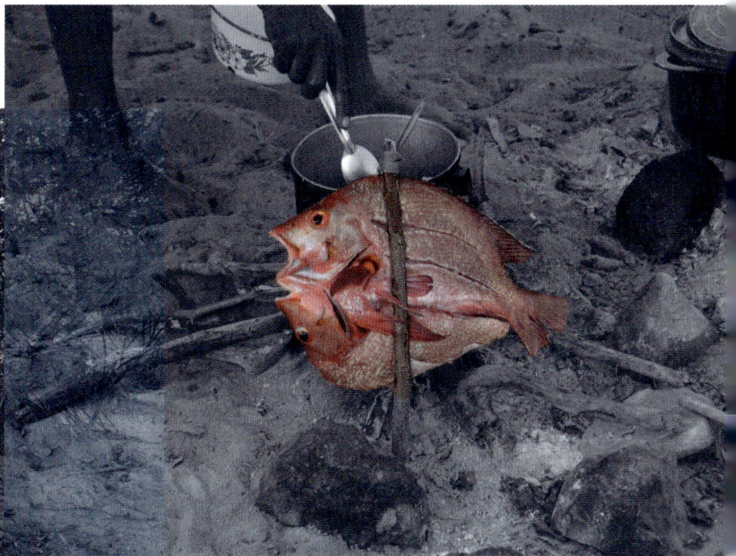

Capitaine rouge servi avec du riz blanc.

Ces hommes passent la moitié de leur vie sur l'eau. Comment perçoivent-ils cet univers ignoré de leurs femmes ? À la merci des éléments pour arracher quelques poissons à la mer, ils ne craignent ni la nature, ni la solitude.

« Il est très difficile, quand on vit dans la familiarité bourrue de la mer, de ne point regarder le vent comme quelqu'un et les rochers comme des personnages[7]. »

Le vent chuchote à leurs oreilles le matin, puis hurle à la nuit tombée, les vagues apparaissent et disparaissent comme des milliers de visages déambulant dans une rue commerçante. Quelques mouettes égarées, emportées par la colère du vent, passent au-dessus de la barque demander leur chemin pour rejoindre la terre la plus proche. On jurerait que Rero, le sourire en coin et le regard vers la baleine, retrouve une vieille connaissance.

Lorsque l'animal disparaît, l'équipage tente une dernière pêche mais les poissons n'en font qu'à leur tête, et après concertation, Rero annonce qu'il met le cap vers la maison. Cette fois, la mer est déchaînée. Tous tournent le dos à la proue pour se protéger des vagues qui remplissent la barque, sauf le valeureux capitaine qui tient la barre et nous guide vers le nord-est, sans même l'aide d'une étoile pour tenir son cap. Les seules lumières sont celles qu'émettent les planctons phosphorescents ; on pourrait croire à un reflet du ciel étoilé, mais les nuages sont épais. Nous demandons à Rero si Nosy Hara est encore loin. Aucune réponse, juste un froncement de sourcils. Il pense probablement à cette triste pêche ou bien à ce qu'il nous a confié lors du départ : « *Tout va bien se passer...* »

La barque est malmenée ; tour à tour, la proue et la poupe montent bien au-dessus de nos têtes. Les vagues menacent de retourner la coque, mais sans ralentir la cadence, à l'écoute de son moteur et des mouvements de l'embarcation, Rero domine la mer avec l'élégance du toréador. Anis ne cesse de vider la barque de son eau avec une vieille bassine aux bords rongés. Trempés, la tête dans les genoux, il faut penser à des choses agréables pour s'évader de la barque qui craque de partout, et prier pour échapper à la fureur de Poséidon.

Au petit matin, nous posons le pied sur la longue plage au sable gris qui sert d'embarcadère. Anis nous invite dans sa case au toit de tôle branlante et nous sombrons dans un profond sommeil. À terre, la mer ne nous quitte pas : le sol sur lequel nous sommes allongés continue de nous bercer.

Notre première sortie en haute mer nous a rapidement plongés au cœur des réalités du métier de pêcheur traditionnel. Derrière la beauté de cette activité pratiquée depuis la nuit des temps se cache un tableau plus nuancé. Sur les rides nombreuses du visage de Rero qui se signe avec gravité au moment de fouler la plage, on peut lire le récit d'années de pêche difficiles. Il mène sa barque sans hésitation et fonce vers le large comme s'il courait vers le front, avec le même sens du devoir, la même fierté qu'un soldat. Tout en gardant à l'esprit qu'il n'est pas maître de son destin et que la grande faucheuse de la mer a vite fait d'engloutir les impudents...

[7] Victor Hugo, *Les Travailleurs de la mer*, Paris, A. Lacroix, Verboeckhoven, 1866.

Capitaine Rero et ses deux apprentis pêcheurs, au retour d'une nuit agitée.

Nosy Mitsio

Que d'efforts pour avoir la chance de fouler le sol de Nosy Mitsio[8] ! À un jet de pierre de la grande île, l'archipel se mérite. Pour 150 000 ariary[9], nous trouvons un bateau pour nous y mener ; évidemment, c'est une aubaine pour tous ceux qui voulaient quitter Port-Saint-Louis et qui montent à bord sans rien payer, avec d'imposants bagages et même des chèvres !
La zone au nord du canal du Mozambique est réputée pour être très poissonneuse. On ne nous avait pas menti : Gilles ferre une belle bonite.

À la vue de notre embarcation, le village assoupi au fond d'une baie semble sortir de sa léthargie. Des enfants sautent sur le bateau en hurlant comme des pirates à l'abordage. Rachidine, un jeune qui parle un peu français, nous prend sous son aile ; nous offrons à sa mère la bonite pêchée un peu plus tôt. Le contrat avec la famille de Rachidine est clair. Si nous aidons leur fils à la pêche, nous pouvons rester quelques jours dans le village, nourris par la famille. Endormis sur une natte à l'ombre d'un manguier, nous sommes réveillés en sursaut par notre hôte. Il est temps de partir pêcher ! Rachidine est de constitution athlétique ; torse nu, donnant de puissants coups de pagaie, il fait avancer la pirogue à balancier à vive allure. Le matériel de chasse est très rudimentaire : de simples piques en métal, sans manche, qui se tordent très facilement.

[8] L'« ile inconnue », en malgache.
[9] Environ 50 euros.

Notre campement, à l'ombre d'un baobab, au cœur du village.

Malgré tout, après deux heures de traque sous-marine autour de patates de corail, nous ramenons un poisson-perroquet et deux mérous à la mamma.

La nuit tombée, toute la famille se réunit près de la case parentale, avec une lampe de poche pour tout éclairage. Assis à même le sol, chacun se sert à sa guise de riz, d'œufs de canard ou encore de poisson. La mamma est assise au milieu du cercle et s'assure que chacun ait suffisamment à manger. Notre présence semble vraiment la divertir et elle rit beaucoup de nos maladresses. Le père est plus discret ; il mange en silence, à l'écart du brouhaha, et porte peu d'intérêt aux discussions. Il n'est guère plus actif durant la journée, passant la majeure partie de son temps à jouer aux dominos ou à dormir sur sa natte.

Vers vingt heures, alors que la fraîcheur s'installe, chacun regagne sa case. Nous installons notre moustiquaire sous un gros baobab, en plein milieu du village. À Mitsio, la grasse matinée n'est pas en option : les coqs s'en donnent à cœur joie avant même le lever du soleil ! Le reste de la journée s'écoule doucement, au gré des parties de bataille malgache et des siestes. Les femmes sont plus actives dans la torpeur de l'après-midi : très coquettes, elles passent de longues heures à se coiffer tout en râpant du manioc ou la noix de coco qui parfumera le riz. Un seul puits subvient aux besoins du village. Comme sa faible profondeur permet aux animaux domestiques (zébus, chèvres, volailles) de s'y abreuver, il est souvent souillé par les excréments des animaux. « *Les gens, ici, ont l'estomac solide* », lâche Rachidine avec un sourire moqueur.

Les seuls revenus de la famille proviennent de la pêche des enfants. Un complexe hôtelier luxueux sur une île voisine achète des langoustes aux habitants de Mitsio ; plusieurs stars du show-biz y ont séjourné, bien loin de penser que le sort de quelques familles reposait sur leur consommation de crustacés au restaurant !

Une petite fête est organisée pour notre dernière nuit à Mitsio.

Le soir, justement, Rachidine a prévu de partir à la chasse. Pour rendre nos lampes de poche étanches, nous les emballons dans 5 ou 6 préservatifs que des ONG distribuent gratuitement à Ambilobe. Il faut marcher quarante-cinq minutes avant de trouver l'emplacement idéal. La mer est agitée et de gros paquets d'eau s'écrasent avec fracas sur les rochers. Quand nous allumons les lampes, des milliers d'insectes volants se jettent sur nous. Sous l'eau, on ne voit qu'à 2 mètres, mais il faut plonger bien plus profond pour débusquer les langoustes. Au fond, un troupeau de poissons aux couleurs ternes. Enfin, la première paire d'antennes apparaît. C'est évidemment Rachidine qui ouvre le bal. En cette saison, le crustacé est de petite taille et donc plus difficile à capturer. Non sans mal, nous remontons chacun une langouste en une heure de lutte.

Au fil des jours, le *mora mora*[10] malgache s'empare de nous. Ici, il n'y a pas de tentations et la nature est suffisamment généreuse pour pouvoir vivre sans faire trop d'efforts… Rachidine et Monika deviennent de bons pêcheurs au lancer, sans manquer toutefois de nous rappeler régulièrement que nos techniques de pêche ne sont pas très efficaces…

Une petite fête est organisée pour notre dernière nuit à Mitsio. Après le dîner, un poste de radio est installé sur une natte et, sous le regard attentif de la mamma, nous dansons. « *Aïe, aïe, aïe !* » hurle-t-elle en secouant la main quand elle trouve le déhanché de Gilles un peu forcé. Elle se lève et insiste pour qu'il danse un slow avec Monika. « *Belle, ma cousine, hein ?* » murmure Rachidine en tapant sur l'épaule de Gilles, de plus en plus mal à l'aise. D'inévitables motifs de tension finissent par apparaître au moment de notre départ. Rachidine et Monika veulent partir avec nous à Tananarive. La situation est tendue, car nous avons été si bien reçus que nous ne voulons pas tout gâcher. Avec diplomatie, nous finissons par les convaincre qu'il vaut mieux pour eux qu'ils restent ici. Les lumières de la capitale font rêver jusqu'à Mitsio, mais une fois arrivés à la ville, les douces illusions se dissipent rapidement pour ces migrants qui, toujours plus nombreux, viennent gonfler les bidonvilles. Rachidine nous suit jusqu'au bateau ; les yeux embrumés, il nous fait promettre que nous ne l'oublierons pas. « *Chaque jour, je vais pêcher avec vos cannes. Comme ça, je penserai toujours un peu à vous !* » crie notre ami alors que le voilier s'élance.

[10] « Tranquillement, doucement », en malgache.

La langouste de Nosy Mitsio

« C'est bien, mon fils, vous avez ramené de belles langoustes. On va pouvoir montrer aux vazaha qu'on mange bien à Mitsio », fanfaronne la mamma. Elle prend Guillaume par la main et lui ordonne de bien noter la recette : *« Pour impressionner une femme, tu dois savoir cuisiner »*, ajoute-t-elle tout en allumant un feu entre de gros galets. Le *vazaha*, intimidé par l'autorité matriarcale, prend les notes suivantes :

Pour 4 personnes

- 2 langoustes fraîchement pêchées
- 6 œufs de canard
- 200 ml de concentré de tomate
- 4 petits oignons de mon jardin
- 500 g de riz blanc
- Sel, poivre
- Mangue verte râpée

Plonger 500 grammes de riz dans de l'eau bouillante. Dans une casserole, faire cuire à feu doux pendant environ 10 minutes les langoustes, la tomate et les oignons coupés en fines lamelles. Saler et poivrer. Faire cuire à part les œufs mi-mollets. Juste avant de servir, mettre les œufs avec les langoustes. La mangue verte râpée est ajoutée directement dans l'assiette ; elle remplace le citron avec son goût un peu acide. Servir sa femme en premier, en lui donnant beaucoup de chair de langouste et en disant *« pour toi, ma chérie »*, conclut la cuisinière qui joue avec beaucoup de sérieux son rôle de professeur de séduction.

À reproduire à notre retour en France. Pour « impressionner une femme » ? En tout cas, ces langoustes façon Nosy Mitsio sont divines, surtout quand on se remémore les efforts de la nuit dernière pour les débusquer.

Leçon de pêche au moulinet avec Guillaume.

Monika a trouvé refuge chez Rachidine, son cousin. Elle parle avec nostalgie de sa vie d'avant, à Ambilobe, là où il y avait des lampadaires et des restaurants. Aujourd'hui, elle s'occupe en cuisinant le manioc et en nous suivant à la pêche. Quelle joie quand elle a attrapé un poisson-perroquet avec une de nos cannes à pêche ! Mais sa vie n'est pas ici, sur l'îlot isolé de Nosy Mitsio, et elle rêve de retrouver la lumière des villes de la Grande Terre, un jour.

Rachidine et sa petite famille.

Mitsik attrape son premier poisson
avec notre canne à pêche.

Très jeune et déjà bon pêcheur.

À quoi pense **Rachidine** quand il voit deux blancs-becs débarquer sur son île et dormir sous un baobab? Tentative d'extrospection.

Rachidine, pêcheur à Mitsio

Rachidine a dix-neuf ans et mesure 1,65 mètre. Il n'est pas rachitique pour autant, la pratique de la navigation en pirogue lui ayant forgé des bras solides. Aîné d'une famille de huit enfants, il est aussi le père de la plus jeune habitante de l'île, Grazela. À peine sorti de l'adolescence, il ploie déjà sous le poids des responsabilités. Son père se fait vieux : le fils doit donc nourrir toute sa famille. Lequel s'en remet à la prodigalité de la mer qui fournit langoustes et autres concombres en abondance et se persuade à grand renfort d'*inchallah* que la ressource ne se tarira jamais.

Pourtant, Rachidine nous confesse discrètement qu'il est épuisé. Il rêvait d'une vie meilleure quand il faisait ses études de charpentier à Ambilobe. Las ! L'échafaudage de ses rêves d'enfance s'est vite effondré quand ses parents l'ont rappelé *manu militari* à Mitsio. Quand il chasse, il paraît animé d'une rage intérieure, froide ; comme si en broyant la carapace d'une langouste avec son harpon, il se libérait de la frustration d'une vie qu'il n'a pas choisie. Mais une fois rentré près de la case parentale, Rachidine s'apaise et montre son visage le plus doux. Il taille des jouets en bois de manguier pour sa fille Grazela ou dévoile ses talents musicaux en interprétant *Ça fait rire les oiseaux* de la Compagnie créole en tenant son vieux tuba comme un micro.

Notre venue sur son île a sans doute relancé ses désirs d'ailleurs, de changement ; il y voit aussi l'opportunité rêvée de quitter Mitsio.

Une nuit, il entre comme un chat sous notre moustiquaire, avec la mine des mauvais jours. Il nous murmure du bout des lèvres, pour ne pas réveiller ses proches, qu'il a un « *problème* ». Il faut le mettre en confiance, lui dire que nous ne « *porterons pas de jugement sur lui* » pour qu'il finisse par nous livrer la nature de son tourment. « *La pêche est mauvaise en ce moment. Bientôt, la famille n'aura plus à manger. Ma vie est trop difficile, aidez-moi, aidez-moi* », implore Rachidine, les mains jointes, avant de se lancer dans une logorrhée confuse sur la misère de sa vie.

Le lendemain matin, le jeune homme trouve un sac de 20 kilos de riz devant sa porte. Un clin d'œil complice et un sourire radieux au petit déjeuner en disent plus que de longs discours.

Mitsio, un paradis naturel

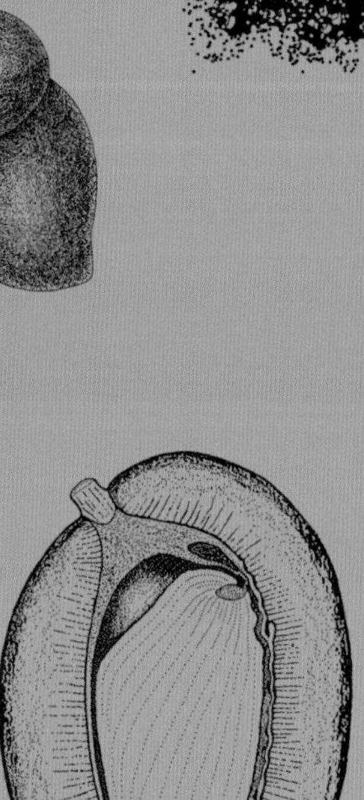

L'*ankoay*

L'un des oiseaux les plus rares au monde, **l'aigle pêcheur** de Madagascar ou *ankoay*, plane au-dessus de Mitsio. Fin pêcheur, il constitue, avec ses 2,50 mètres d'envergure, une redoutable concurrence pour les spécialistes du harpon et du filet dans l'archipel.

Les *fahiny*

Les chauves-souris géantes que l'on trouve sur la grande Mitsio, surnommées « renards volants » à cause de leur pelage orangé et de leur nez pointu, ou encore *fahiny* en malgache, vivent entre les airs et les grands arbres feuillus. Leur vol ample et lent, leur large silhouette inquiètent. Mais pas de crainte à avoir, le *Pteropus rufus* est frugivore !

Le manguier

À Mitsio, le manguier cohabite avec les grands palmiers. Cet arbre volumineux dépasse **20 mètres** de hauteur. À la fin de l'hiver, ses fruits sont encore petits et verts et ne dégagent pas ce parfum si caractéristique ; mais râpée, la mangue verte devient très goûteuse et accompagne à merveille le manioc ou le riz.

La langouste

La langouste du genre ***Panulirus*** qui vit dans les eaux de Mitsio est largement répandue sur les côtes de Madagascar. Grâce à ses longues antennes blanches qu'elle frotte contre sa carapace rugueuse, et à ses multiples piquants qui lui confèrent une apparence effrayante, elle peut faire fuir les prédateurs.

AFRIQUE / Tanzanie / population : 49 millions • capture annuelle de poulpes : 1 300 tonnes • superficie des eaux tanzaniennes du lac Victoria : 34 000 kilomètres carrés (49 % du lac) • production de poisson : 350 000 tonnes • 2,2 millions d'emplois dans la pêche.

TANZANIE

La pêche en Tanzanie est une affaire de gros sous : en effet, la perche du Nil est l'une des premières sources de devises pour le pays. Sur le lac Victoria, ce géant d'eau douce est traqué par des milliers de bateaux avant d'être découpé en filets et exporté en avion vers l'Europe ou l'Asie.

Loin de cette pêche industrielle, les pêcheurs traditionnels de la côte contribuent aussi aux 350 000 tonnes de prises annuelles, toutes pêches confondues, comptabilisées par l'Organisation des Nations unies pour l'alimentation et l'agriculture (FAO). Ils sillonnent la côte swahilie à bord de leurs boutres, ciblant essentiellement les poissons de récif, les poulpes et les langoustes. La pression qu'ils exercent sur les ressources halieutiques est certes plus limitée qu'au lac Victoria, mais la dégradation des écosystèmes marins – notamment par l'usage d'explosifs – et la surpêche mettent aussi leur avenir en péril.

À gauche, le capitaine expose fièrement son mérou. À droite, 15 kilos de poulpe.

Les plongeurs de Kilwa Masoko

La ville de Kilwa Masoko vit au rythme du soleil. Quand les rayons deviennent moins ardents, la petite bourgade poussiéreuse s'anime et des étals de calmars ou de poulpes grillés apparaissent un peu partout le long de la route principale. Soulagement pour les voyageurs qui, finalement, ne passeront pas leur chemin : nous échappons pour un moment au sempiternel *ugali,* cette pâte de maïs très compacte qui constitue la base de tous les repas.
En fin d'après-midi, quelques pêcheurs regagnent la plage de Masoko Pwani dans leurs boutres. Leurs femmes accourent avec leurs boubous et bassines bigarrés pour récupérer le butin. Avec la grâce et l'impression de facilité qui les caractérisent, elles marchent avec de l'eau jusqu'à mi-cuisse et une vingtaine de kilos de poisson sur la tête. En Afrique, la répartition des rôles entre femmes et hommes est très claire dans le domaine de la pêche. Les hommes endossent le statut viril de chasseur-pêcheur ; ils sont les seuls à partir en mer. Quant aux femmes, elles prennent en main la plupart des autres tâches relatives à cette activité ; ce sont elles qui s'occupent de la transformation (séchage, salage, cuisine…) et de la commercialisation sur les marchés.
Un homme trapu nous fait signe de loin.

Il souhaite qu'on le prenne en photo avec l'énorme mérou qu'il a harponné plus tôt dans la journée.

On s'exécute. La pêche a été abondante : « *plusieurs dizaines de kilos de poulpe et de poisson* », nous explique Ali. Le poisson est vendu sur le marché de Kilwa Masoko, tandis que le poulpe est principalement destiné aux marchés et restaurants de Dar es-Salaam, capitale économique du pays.
« *Kesho, sita*[1] » : pas de doute, Ali et son équipage nous acceptent à bord.

[1] « Demain, six heures », en swahili.

Cinq heures et demie. Le jour se lève à peine sur la plage de Masoko Pwani, un ruban blanc d'environ 5 kilomètres bordé de hauts cocotiers. L'air, encore frais et humide, est propice aux pensées vagabondes. Ali et le reste de l'équipage sont là. « *Jambo ! Mambo vipi ? Poa, poa*[2]. » Après ces salutations d'usage, nous lui offrons un tirage sur papier en noir et blanc de la photographie prise la veille, imprimée à partir du seul ordinateur de la ville. Il nous serre fort dans ses bras. Assis en cercle dans un abri fait de branches et feuillages de palmier, on boit du café très fort dans de petites tasses en porcelaine. Personne ne parle, comme s'il fallait se ressourcer avant d'affronter la mer. Un simple signe de tête d'Ali et l'équipage se lève comme un seul homme.

Cap à l'est !

Le petit moteur de 15 CV ronronne et nous mène à quelques kilomètres de la côte. La discussion s'entame autour du football, sans doute un des seuls traits culturels que nous ayons en commun. Grâce à Rachidi, nous arrivons enfin à en apprendre plus sur l'équipage. Les pêcheurs travaillent six jours par semaine, le vendredi étant réservé à la prière : la côte tanzanienne est très largement musulmane. Nos questions sur le choix de leur métier les étonnent : « *Mon père était pêcheur, donc moi aussi je pêche* », assène Rachidi comme s'il s'agissait d'une évidence. Il va falloir que nous arrêtions de poser des questions aussi stupides. À nous de passer sur le gril. Rachidi et ses camarades nous envoient des questions par rafales. « *Combien gagnent les pêcheurs de votre pays ? Comment sont leurs bateaux ? Et les poissons, ils sont aussi gros que chez nous ?* » Les artisans de la mer de Kilwa Masoko seraient-ils plus proches de leurs confrères bretons qu'on pourrait le penser ?

Le moteur s'arrête et le bateau s'immobilise. Les pêcheurs retirent leurs maillots de football élimés. Tour à tour, ils plongent dans l'eau translucide, simplement munis d'un masque, d'un tuba, d'une cordelette pour enfiler leurs prises, et d'une pique en métal. Plusieurs heures s'écoulent. Nos apnéistes chevronnés arpentent sans relâche des fonds marins entre 5 et 10 mètres de profondeur. Les poulpes abondent autour des rochers, d'où ils laissent souvent dépasser un bras ; des volutes d'encre noire annoncent chaque succès. Les fortunes sont diverses parmi les membres de l'équipage, mais la répartition du butin est faite de manière égalitaire : seul le capitaine, propriétaire du bateau, touche un pécule un peu plus élevé.

[2] « Salut ! Comment ça va ? Bien, bien », en swahili.

Le mérou géant

Il est trapu et facilement reconnaissable à sa grande bouche aux lèvres charnues.

Ali et ses compères le traquent autour des récifs coralliens, là où ce carnassier trouve les petits requins et tortues dont il raffole. Cette grosse bête peut atteindre plusieurs centaines de kilos. Plus modestement, celui qui a valu à Guillaume les honneurs des pêcheurs de Kilwa Masoko pesait autour de 25 kilos.

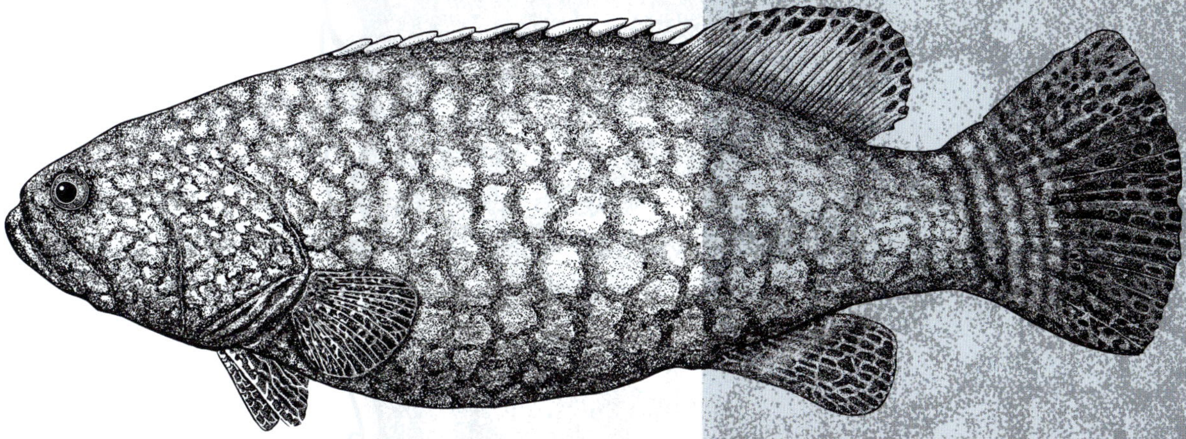

Gilles apprend à harponner un poulpe avec l'un des meilleurs plongeurs.

Leçon de pêche en apnée avec le capitaine Ali.

À droite, le capitaine découpe et vide
un petit requin à pointes noires.
Sa femme n'aura plus qu'à le cuisiner.

Ali se frappe le torse en hurlant « *Boyaaaa, boyaaaa !* » et en brandissant sa pique comme un javelot. « *Ce type est complètement fou, mais qu'est-ce qu'il chasse bien ! Plongez avec lui,* mzungu[3]*, et ouvrez grand les yeux !* » nous lance Rachidi. Autour des patates de corail tournoient jusqu'à donner le tournis une multitude de poissons colorés. Ali descend au fond d'une traite comme s'il ne voyait pas les gros poissons-perroquets qui nagent autour de lui. Ses mouvements sont amples et lents pour économiser le précieux oxygène. Il laisse un petit requin à pointes blanches se tapir sur le fond sableux. Le squale ne se doute de rien, seules ses branchies s'agitent calmement, faisant danser quelques grains de sable. Il faut faire vite, car l'air commence à manquer. Le chasseur bondit et un nuage se forme autour des belligérants. Mais l'issue ne fait aucun doute : mieux vaut être le bourreau que la victime dans ce genre de situation. L'eau redevient limpide et la pique de fer est enfoncée entre les deux nageoires pectorales de la bête.

Tout l'équipage est à bord, et Ali se met à chanter. Il est fier de nous avoir montré ses qualités de prédateur. C'est lui qui a le plus beau tableau de chasse aujourd'hui, et il en tire un certain respect : ses compagnons lui distribuent généreusement tapes dans le dos et pouces en l'air.

Alors qu'on s'apprête à partir, Guillaume, qui piaffait d'impatience et rêvait qu'on lui prête une arme, voit son rêve exaucé. Il plonge sous les regards dubitatifs des pêcheurs. Quelle n'est pas la surprise de l'équipage quand le néophyte revient à bord avec un mérou d'une vingtaine de kilos ! Comme Ali, il se frappe le torse en criant ; on s'embrasse, on applaudit, et à l'unisson, l'équipage entonne « *Guillaume, Guillaume, Guillaume !!!* »

C'est l'euphorie à bord ; le plus gros poisson de la journée a été pris par un mzungu *!*

[3] « Étranger », en swahili.

Le butin est placé au fond du bateau : quelques dizaines de kilos de poulpes, des poissons-perroquets, un petit requin, trois raies et, bien sûr, cet énorme mérou.

Le retour se fait à la voile, gonflée par un vent d'est qui atténue un peu la torpeur dans laquelle nous sommes tombés après la liesse provoquée par l'exploit du chasseur français. Les discussions se font rares, certains dorment de ce sommeil que seule procure la satisfaction du devoir accompli. Les pêcheurs nous expliquent qu'ils aimeraient avoir de plus gros bateaux pour aller plus loin en mer mais qu'ils n'ont pas le capital nécessaire pour ce genre d'investissement. Toujours est-il que leurs pratiques de pêche sont peu destructrices car très sélectives. Ici, on n'a pas l'impression d'être dans une situation de surpêche, et les techniques utilisées dans certains villages voisins, comme la pêche à la dynamite, sont proscrites. Des pêcheurs écologistes qui n'en portent pas le nom ?

Les femmes accourent au bateau dès notre arrivée. C'est aussi un moment de jeu pour les enfants, qui montent dans le bateau et sautent dans l'eau en faisant des pirouettes. La pêche a été correcte et la bonne humeur est palpable. Le mérou de Guillaume pèse 25 kilos. Nous l'offrons aux pêcheurs qui, tour à tour, prennent leur confrère français dans leurs bras. « *Guillaume, mzuri, mzuri sana* [4] », c'est à peu près tout ce que nous arrivons à saisir. Visiblement satisfaits d'avoir trouvé de la main-d'œuvre aussi efficace, ils nous proposent de revenir samedi. Il est seize heures et demie et leur journée de travail s'achève. Souvent, ils jouent aux cartes jusqu'au coucher du soleil dans le petit abri, sur la plage de Masoko Pwani. Les femmes, elles, ont vite déserté la plage, pressées d'aller préparer le repas du soir. Ali décide de nous amener chez lui. Nous embarquons à trois sur sa vieille moto et regagnons la ville. Dans la rue, un homme nous interpelle et nous annonce la réélection de Barack Obama. Pas de bouleversement en vue pour Kilwa Masoko, où la vie semble s'écouler un peu plus lentement qu'ailleurs.

[4] « Guillaume, c'est bien, très bien », en swahili.

La pesée du mérou de Guillaume : 25 kilos.

Sea Sense : une belle histoire d'ONG à Ushungo

Sea Sense est une ONG tanzanienne, créée au début des années 2000 pour protéger les espèces marines en danger, dont les tortues. Le constat était alors dramatique : les tortues étaient systématiquement chassées par les pêcheurs, et les autorités publiques, manquant de moyens de contrôle, restaient les bras croisés. La directrice de l'ONG, Lindsey, et son équipe ont eu l'idée de choisir un « officier de conservation » dans chaque village concerné. Celui-ci, désigné en conseil des chefs de village, est payé par l'ONG pour surveiller, compter et protéger les tortues. À Ushungo, c'est Mumguia, un homme très respecté, qui remplit ce rôle.

Pour convaincre les pêcheurs de modifier leurs pratiques, il est essentiel qu'ils y perçoivent un intérêt pour eux-mêmes. L'ONG conjugue donc préservation des espèces et soutien au développement économique. À Ushungo, l'opération connaît un franc succès : l'écotourisme se développe, et plusieurs centaines de voyageurs assistent chaque année à l'éclosion d'œufs de tortue sur les plages. Grâce aux dons des touristes, une bibliothèque a vu le jour et un projet d'hôtel écologique employant quatre anciens pêcheurs est en cours de réalisation.

L'ONG est toutefois bien seule pour surveiller les centaines de kilomètres de la côte tanzanienne, et il lui est difficile de faire la police à la place d'un État trop souvent absent.

L'île de Maziwe à l'aube.

À quelques kilomètres d'Ushungo, des pêcheurs de Zanzibar se sont établis au camp de pêche de Kipumbwi.

La pêche à la dynamite y est pratiquée à grande échelle autour des récifs coralliens, détruisant des écosystèmes riches en biodiversité et très vulnérables.

Ces artificiers sèment la terreur dans les villages voisins et accaparent en toute illégalité de vastes zones de pêche. « *Le plus malheureux, avec cette technique, c'est qu'ils ne pêchent pas plus de poisson, même à très court terme. Ils passent seulement moins de temps à pêcher et davantage à boire du Konyagi*[5] *! Mais comment se battre contre la paresse de ces bandits itinérants qui grignotent petit à petit les récifs à coups d'explosifs ? On ne lutte vraiment pas à armes égales* », soupire Lindsey, un brin fataliste.

[5] Alcool fort le plus répandu en Tanzanie.

Maziwe, laboratoire de la folie des hommes

« Maziwe, c'est notre honte à tous, c'est la honte de nos parents et grands-parents », nous raconte Mumguia, la gorge nouée.

C'est l'histoire d'une île de près de 10 kilomètres de longueur, couverte d'une végétation dense de casuarinas et de buissons, et bordée par une mangrove de palétuviers. L'île, autrefois inhabitée, était située au milieu d'une zone marine extrêmement favorable à la pêche.

Dans les années 1960, certains pêcheurs de Zanzibar ou de Pemba s'établissent plusieurs mois par an sur ce morceau de paradis. Parallèlement, les habitants d'Ushungo et Pangani abattent les casuarinas qui fournissent du bois pour se chauffer et construire des cases.

La machine infernale est lancée, et l'érosion grignote la surface de Maziwe. Le coup de grâce intervient en 1978. La guerre entre la Tanzanie de Julius Nyerere et l'Ouganda d'Idi Amin Dada fait rage. De peur que l'armée ougandaise ne camoufle son artillerie sur l'île, qui est située à un emplacement stratégique (à portée de canon de Zanzibar, notamment), la mangrove est rasée.

La création, en 1981, d'une réserve marine interdisant la pêche autour de l'île n'y changera rien. Maziwe, sous les coups de boutoir de l'océan Indien, perd la quasi-totalité de sa surface et devient une langue de sable stérile. La modification des courants marins ou l'élévation du niveau de l'océan peuvent en partie expliquer ce drame, mais la responsabilité de l'homme ne fait aucun doute.

« La misère est la plus grande des pollutions », disait Indira Gandhi.

Ici, à la pauvreté, il faut ajouter la folie guerrière pour expliquer une tragédie écologique à petite échelle qui n'est pas sans rappeler le funeste destin des habitants de l'île de Pâques.

Les rêves d'Abasi

Gilles et Abasi, sur la plage d'Ushungo.

Chaleur accablante à Ushungo, en ce début d'après-midi. Le village s'est assoupi. Quelques jeunes jouent aux dames ou au bao[6] sous une paillote, près de la plage. Ils prennent un malin plaisir à nous battre ; en jouant très vite, ils nous poussent à faire de grossières erreurs. Progressivement, le bruit de la présence de *mzungu* se répand et une foule de badauds observent et commentent nos défaites à répétition.

Un jeune homme, Abasi, s'approche et s'adresse à nous en anglais.

Il parle à toute allure comme s'il craignait qu'on ne s'en aille. Il propose d'être notre « protecteur » pendant notre séjour à Ushungo. Pour remercier notre ange gardien, nous allons manger avec lui un *chipsi mayai*, une omelette aux pommes de terre frites. Abasi est instruit. Son père, aujourd'hui décédé, était le chef du village et il semble avoir hérité de son paternel un certain sens de l'intérêt général. Le jeune homme a un rêve, mais il n'en a pas encore les moyens. Inspiré par le succès du tourisme à Zanzibar, il voudrait construire un grand hôtel pour accueillir des touristes, ici, à Ushungo. Pour le moment, il faut bien vivre et il travaille comme pêcheur.

Il confesse sa honte d'être pêcheur, lui qui est lettré. Avec dégoût, il décrit les poulpes qui s'agrippent sur son bras ou encore les coraux urticants, si douloureux quand on s'y frotte. Et ces heures passées à attendre le vent, à rôtir au soleil, à discuter des ragots du village en fumant des cigarettes roulées... Il a mieux à faire que de s'adonner à un métier aussi primitif pour quelques milliers de schillings ! Il parle à livre ouvert alors que nous le connaissons à peine, et on sent qu'il a besoin d'exprimer ses ambitions ainsi que la noblesse de son caractère. Il veut être celui qui sortira Ushungo de son archaïsme. Mais voilà, le nerf du problème, c'est l'accès aux capitaux. Aucune banque ne veut prêter de l'argent à « *un simple pêcheur, un minable comme moi* ». Après ce long monologue, un silence encore plus long. L'équation est compliquée à résoudre.

Par son éducation, Abasi se sent marginalisé à Ushungo, bien qu'il y connaisse tout le monde. Un matin, dans la rue principale du village, nous parvenons à la hauteur de la madrasa[7] au moment où un imam fouette un enfant d'une dizaine d'années devant ses camarades ; notre ami reste muet, comme pris dans ses contradictions. Car en même temps, il aime son village. Et quand il nous emmène dans l'intérieur des terres pour nous faire rencontrer ses amis massaïs, il connaît les chemins qui serpentent dans la savane et les points d'eau pour étancher sa soif. Il domine son territoire et, malgré sa petite taille, marche à un train d'enfer.

Un village de Massaïs est donc établi à une dizaine de kilomètres d'Ushungo. Ces Massaïs sont de formidables éleveurs de zébus qui vivent dans des cases en boue séchée. Ils sont physiquement très différents des habitants de la côte : plus élancés et plus fins, ils semblent taillés pour courir derrière leurs troupeaux. Ils entretiennent des relations commerciales avec les pêcheurs qui leur achètent du lait. Abasi, très à l'aise, nous fait entrer dans une case. Les mouches sont agressives, comme excitées par la présence de nos peaux blanches. Notre ami joue le rôle d'interprète. Un jeune nous raconte la guerre larvée que se livrent les villages massaïs autour d'histoires de vol de bétail. Les expéditions punitives se font à la lance et au poignard : il y a des morts tous les ans. Finalement, nous sommes bien, dans les paisibles villages de pêcheurs !

Sur le chemin du retour, Abasi nous confie qu'il a eu une aventure avec une jeune Massaï. Il nous fait promettre de n'en parler à personne au village, car sa vie pourrait en être menacée. Il s'anime et fait de grands gestes quand il parle de femmes. Ah, les Européennes ! Le jeune pêcheur a parlé à quelques femmes au teint clair venues voir l'éclosion des œufs de tortue. « *Elles ont l'air si romantiques ! Et moins vénales que les pestes du village. Et elles sont si belles !* » Soudain l'appel du muezzin fend l'air et parvient jusqu'à nous. Le jeune homme part au pas de course, sans un mot.

[6] Jeu de société très populaire en Tanzanie.

[7] École coranique.

La naissance des tortues d'Ushungo

Ce matin, alors qu'il fait encore nuit, nous embarquons avec Mumguia vers l'île de Maziwe, qui fait face au village. Mumguia souhaite vérifier si une tortue est venue déposer ses œufs la nuit dernière. Si c'est le cas, il les rapportera sur la plage d'Ushungo pour les protéger. Mais pourquoi rapporter les œufs au village, au risque de perturber le développement des embryons ?

« *C'est bien simple, lorsqu'une tortue choisit une plage pour pondre, elle lui reste fidèle toute sa vie. Seulement, depuis son déboisement, Maziwe s'érode lentement. N'ayant pas conscience de cette transformation, les tortues continuent de venir à marée basse pour enterrer leurs œufs. Mais quand la marée remonte, les œufs pourrissent au contact de l'eau. Il faut alors repérer les empreintes qui conduisent au nid, trouver les œufs avant la montée des eaux, et protéger ce trésor sur la plage d'Ushungo.* »

Sur le sable d'Ushungo, au pied d'un palmier, les œufs sont placés à la même profondeur que l'aurait fait la tortue. Mumguia note tout sur un petit panneau en bois planté près du nid : le nom du nid, la date de ponte, le nombre d'œufs, et la date estimée de l'éclosion. Sur l'un des autres panneaux, une naissance est annoncée pour le 24 novembre. Nous sommes le 23. À douze heures près, les nouveau-nés sont au rendez-vous ! Pas moins de quatre-vingt-six petites carapaces molles s'agitent déjà… Nous observons la scène sans rien manquer de l'émouvant spectacle. Notre tâche est de dégager une longue piste sableuse des algues échouées et des crabes voraces qui pourraient faire obstacle à leur envol. D'instinct, les tortues minuscules foncent droit vers l'eau. Sur la plage, nous repoussons les prédateurs, mais sous l'eau, elles devront encore affronter mérous, poulpes et autres gloutons avant de trouver un lieu où elles pourront se nourrir en paix.

Nid de tortue artificiel. Mumguia a disposé des branches pour mieux le repérer.
Le panneau indique que l'éclosion aura lieu dans quelques jours.
À droite, le 23 novembre, 86 tortues viennent de naître.

En moyenne, une tortue marine sur cent atteint l'âge adulte, soit une taille de 1,5 mètre pour un poids de 300 kilos. Il y a quelques années, la carapace des tortues était fracassée à coups de pierre afin d'en extraire la viande, cuite ensuite au feu de bois, et les œufs faisaient d'excellentes omelettes. Difficile à imaginer lorsqu'on voit les villageois veiller sur les œufs avec une affection presque maternelle.

Les fabricants de boutres de Nungwi

Sur la pointe nord de Zanzibar, l'île aux mille épices, un petit village s'anime dès l'aube : les coups de hache dans les troncs, le va-et-vient des lames de scie qui pénètrent le bois et le raclement des rabots rythment les journées de Nungwi. Réputé pour ses boutres, le village est le lieu de rendez-vous des pêcheurs zanzibarites, qui viennent faire réparer leurs embarcations et vendre leurs prises sous les tôles du *soko la samaki Nungwi,* le marché aux poissons.

Pour rencontrer les charpentiers de la mer, nous avons attendu la marée basse et longé la longue plage de sable farineux sur plusieurs kilomètres. En chemin, nous croisons des femmes habillées de longs pagnes multicolores. Profitant du retrait de la mer, elles capturent à l'aide de leurs bâtons pointus les malheureux céphalopodes pris au piège. L'île est parsemée de quelques hôtels de grand standing spécialisés dans les lunes de miel. Les enfants, habitués aux *mzungu,* n'hésitent pas à courir vers nous en criant « *Money! Money!* » pour nous faire débourser quelques shillings tanzaniens. Nous passons devant l'atelier de réparation de filets de pêche. Ils sont étalés sur le sable et leurs teintes bleutées se fondent dans le ciel et la mer : toutes les nuances du bleu sont réunies en un même tableau.

À l'ombre d'une cocoteraie, des dizaines de boutres. Certains ne sont que des embryons ; d'autres, l'ossature bien formée, pourront d'ici quelques jours prendre le large pour la première fois. Assis, accroupis ou allongés sur le sol jonché de copeaux de bois à l'odeur d'encens, des hommes s'activent pour donner vie à ces boutres.

Mais au fait, un boutre, c'est quoi ?

Un boutre, ou *dhow,* est un voilier d'origine arabe traditionnellement construit en bois, avec une voile en forme de trapèze. Il croise aujourd'hui majoritairement sur l'océan Indien et sur la mer Rouge. Très maniable et rapide, il est la Rolls-Royce de la pêche. Les plus gros sont aussi utilisés pour le cabotage et le transport de passagers.
La construction d'un boutre se fait à la main.
Les artisans zanzibarites manient la hache avec une grande dextérité pour tailler le bois de palétuvier : de leur précision dépendra la performance du bateau. La première étape consiste à choisir les troncs d'arbre, qui doivent présenter la forme requise pour fabriquer les différentes pièces. Pour les bordages, les « côtes » du bateau, on choisit des branches ou un tronc

Guillaume participe à la construction
de son premier boutre.

naturellement coudé qui donneront la forme voulue à la coque. Entre le premier coup de hache et le dernier clou planté, cinq hommes et six mois de travail sont nécessaires. Nous voyant écarquiller les yeux, Salim, un homme aux pieds nus dont les voûtes plantaires ont disparu sous une épaisse corne craquelée, nous propose d'apprendre à dégrossir une pièce de bois. Pour montrer l'exemple, il fend l'air avec sa hache et fait voler un copeau de palétuvier au contact de la lourde lame. Guillaume imite son nouveau maître et participe à la construction de son premier boutre. Le mouvement doit être puissant et précis, il faut bien viser la marque faite préalablement au burin : trop bas, c'est une perte d'énergie, trop haut, la pièce est fichue. Comme leurs enfants, ces ouvriers ont le sens du commerce et disposent çà et là quelques boîtes ornées de coquillages blancs où il est inscrit « *Asante Sana* [8] ». Nous y glissons un billet de 5 000 shillings tanzaniens [9], considérant que c'est le prix de la leçon particulière.

[8] « Merci beaucoup », en swahili.
[9] Environ 2 euros.

Un squelette sur lequel s'active une dizaine d'hommes nous interpelle. La quille, véritable colonne vertébrale du navire, mesure 12 mètres de longueur. Nous nous approchons du chef de chantier, facilement reconnaissable à son tour de ventre :

– *À quoi va servir un si gros boutre ?*
– *Il transportera des hommes entre la Tanzanie et Oman,* répond-il d'une voix rauque.

– *Et combien de passagers peuvent monter à bord ?*
– *Trois cents.*

– *Et d'où vient tout ce bois que vous utilisez pour la construction des boutres ?*
– *Pas assez de mangrove à Zanzibar. Nous devons aller chercher le bois de palétuvier par bateau sur le continent,* conclut-il.

Les mangroves sont des écosystèmes extrêmement productifs dont l'arbre roi est le palétuvier. On y trouve de nombreux crustacés, des mollusques, et les poissons viennent s'y reproduire. Elles sont des réservoirs à nutriments, dépolluent les sols et assurent également une protection contre les vagues et l'érosion. La destruction de ces milieux peut avoir des conséquences dramatiques. Sans les mangroves, en plus de l'immense perte de biomasse, les sols se salinisent, empêchant la culture du riz.
De l'autre côté du continent, Haidar El Ali s'investit pour sauver les palétuviers en sensibilisant les populations et en reboisant les mangroves du Sénégal. Grâce à son association de protection de l'environnement marin baptisée Oceanium, il a permis, avec l'aide de nombreux volontaires de son pays, de planter des millions de palétuviers et de restaurer les mangroves, essentielles aux habitants des côtes. Un futur axe de développement pour l'ONG Sea Sense ?
Les industrieux Zanzibarites prospèrent sur leur île, bien loin des réalités économiques du reste de la Tanzanie. « *Dieu a choisi son pays* », aiment répéter les locaux.

Ci-dessus, le bois de mangrove est marqué au pinceau avant d'être taillé.
Ci-contre, le bois de palétuvier est déchargé au port de Stonetown avant d'être acheminé par bateau jusqu'au village de Nungwi.

De Dar es-Salaam à Nungwi, les étapes de la contruction d'un boutre.

Un homme du chantier de Nungwi termine les bordages du boutre. Celui-ci pourra embarquer dix pêcheurs.

Marché aux poissons de Nungwi.

Plage de Nungwi.

Une poule traverse les filets de pêche étalés sur le sol. À droite, un atelier « entretien des filets » sur la plage de Nungwi.

AFRIQUE / Kenya / population : 42 millions • 1 million d'emplois dans le secteur de la pêche • consommation de poisson par habitant : 2,8 kilos par an • superficie des eaux kenyanes du lac Victoria : 4 200 kilomètres carrés (6 % du lac) • production de poisson : 160 000 tonnes.

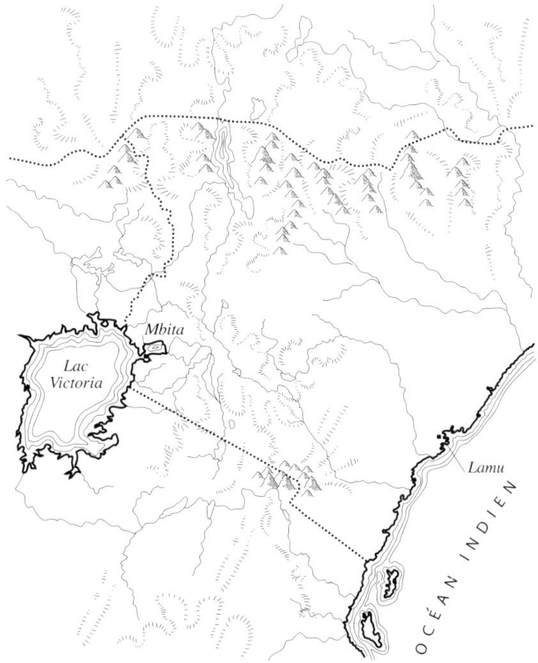

KENYA

La sagesse populaire veut que les gens de mer soient différents des « terriens », les gens de l'intérieur. Il se trouve que cette dichotomie se vérifie parfaitement au Kenya. Sur les rives du lac Victoria, on est au cœur de l'Afrique, cette Afrique débordante de vitalité, où l'air est toujours moite, où l'appartenance tribale est le fondement de l'organisation sociale et où l'on a foi en Jésus. *A contrario,* le Kenya côtier est depuis longtemps ouvert sur le monde, au carrefour de l'Afrique et de la péninsule Arabique. Les pêcheurs de Lamu, cet archipel proche de la Somalie, naviguent en boutre, mangent du riz biryani, et leurs femmes sont voilées. Tout oppose donc ces deux régions où la pêche est une activité majeure.

Une journée de pêche sur le lac Victoria

Simeon est très excité : il a une surprise pour nous. En silence, nous longeons la plage de Mbita où sont amarrés quelques bateaux. Le jour se lève à peine quand il se fige et lève son bras pour nous faire signe de nous arrêter. Trois femmes se lavent dans les eaux verdâtres du lac. Elles ne nous voient pas et dévoilent leurs corps nus à nos yeux indiscrets. Nous voulons partir, mais Simeon nous retient. Il veut profiter de la suite du spectacle : « *Mbita nice women, very nice women*[1] », chuchote-t-il d'un air lubrique. Au fil des minutes, les silhouettes se précisent ; les femmes s'aspergent d'eau, se chamaillent et lavent leurs boubous colorés. Imprudent, notre pêcheur s'approche de quelques pas quand l'une des femmes le repère. Volée d'insultes. La retraite est peu glorieuse.

Un petit voilier accoste sur la plage devant la *banda*[2]. Les deux hommes à bord, le regard hagard, ont pêché à la lanterne toute la nuit. Lors des nuits sans lune, c'est un spectacle fascinant. Une véritable ville flottante apparaît, les pêcheurs attirant le *dagaa*[3] dans leurs filets avec la lumière de leurs lanternes. Ce *dagaa* est une manne pour les habitants de Mbita : il est séché puis consommé, et sert aussi d'appât vivant pour la capture de la reine du lac, la perche du Nil. La récolte a été bonne durant la nuit et des milliers de poissons tentent de survivre dans le fond inondé du bateau. Changement d'équipage : nous embarquons avec Simeon et deux individus qui ne semblent pas trop emballés par notre présence.

[1] « Mbita, belles femmes, très belles femmes », en anglais.

[2] Coopérative de pêcheurs.

[3] Cyprinidé de petite taille.

La brise de terre gonfle une voile criblée de trous et nous emmène au large.

Simeon, trilingue, parle luo[4], swahili et anglais, ce qui nous facilite beaucoup la tâche. L'homme est directeur d'une des *bandas* de Mbita et il semble assez influent. Selon lui, les prises sont devenues si rares autour de Mbita que les pêcheurs kenyans sont contraints de migrer vers les lointaines eaux ougandaises du lac Victoria. Mais gare à la police ougandaise, qui n'est pas tendre avec les braconniers kenyans ! Il se lève pour mimer la scène et manque de tomber à l'eau : « *Ces fumiers, ils font manger du* dagaa *cru aux Kenyans qu'ils attrapent ; ça les rend malades et ça les tue parfois, même !* »

[4] Langue de l'ethnie Luo, majoritaire autour du lac Victoria.

À l'aube, sur le lac Victoria, les pêcheurs de *dagaa* rentrent au village, tandis que les pêcheurs de perche remontent les lignes de fond. Ci-dessus, Isa rame en attendant que le vent se lève.

Régulièrement, il faut renouveler l'eau qui est au fond du bateau pour maintenir les poissons en vie. « *La perche du Nil est très difficile. Il faut que le poisson frétille sur son hameçon pour qu'il paraisse appétissant, sinon, elle le snobe.* »
Le vent est faible et l'embarcation fait presque du surplace. Nous jouons avec des escargots trouvés dans le fond du bateau quand Simeon s'exclame : « *Lâchez-les tout de suite, bande d'idiots. Vous voulez tomber malade ?* » Ces gastéropodes sont en effet le vecteur principal de la bilharziose, une maladie parasitaire potentiellement mortelle. Mieux vaut ranger nos mains au fond de nos poches.

Enfin, nous arrivons à une bouée colorée que les pêcheurs reconnaissent. Elle signale une ligne de fond de plus de mille hameçons. Tous les deux jours, il faut relever la ligne et renouveler les appâts. Un homme, posté sur la proue du bateau, retire méthodiquement les appâts morts et les remplace par les poissons vivants du fond du bateau. Le travail, rébarbatif, se fait dans un silence religieux. À voir les mines déprimées de nos pêcheurs, l'espoir de trouver une grosse perche accrochée à un hameçon est faible. Où trouvent-ils la force et l'énergie de continuer à pratiquer leur métier alors que le poisson a disparu ?

Sont-ils vraiment désespérés au point de continuer à pêcher alors qu'il n'y a plus de perches dans la baie de Mbita ?

Simeon nous confie que la dernière perche attrapée par les deux pêcheurs remonte à deux semaines. Une telle abnégation, un tel renoncement face à la mauvaise fortune nous émeuvent. Une heure plus tard, un gros caillou signale la fin de la ligne. Pas d'euphorie, pas de désespoir, pas un mot. Il y a une autre ligne quelques centaines de mètres plus loin. Nous rêvons de voir s'illuminer les visages de ces hommes qui sont si résignés, d'entendre le timbre de leur voix, aussi. Ils ont peut-être en eux un peu de Santiago, le vieux pêcheur du *Vieil Homme et la mer* d'Ernest Hemingway, qui, resté bredouille durant quatre-vingt-quatre jours consécutifs, se trouve confronté au plus beau marlin de sa vie.

Pas plus de succès sur la ligne suivante, d'autant que celle-ci est sectionnée après quelques mètres seulement. Simeon fulmine. Il s'agit sûrement d'un vol commis par la *banda* voisine. Quand les temps sont durs, les *bandas* se livrent une guerre sans merci en se volant des poissons et du matériel de pêche ; il s'agit surtout d'essayer de dégoûter certains pêcheurs de leur activité pour limiter la concurrence dans la baie de Mbita. Qu'elle est loin, la grande époque des années 1990, où les pêcheurs célébraient ensemble les prises miraculeuses par de grands banquets ! La chaleur de cette fin de matinée tombe sur nous comme une chape de plomb. L'air s'est figé, et on souque ferme pour faire avancer la barque. L'horizon est gras, et les îles lointaines, comme des mirages, semblent flotter sur les eaux. Une tournée d'eau tiède et de bananes vient rompre la monotonie de notre avancée vers les *Twin Islands*. Soudain, au loin, des cris retentissent. « *Chundi, chundi*[5] *!* » Deux bateaux de pêche s'entrechoquent, c'est un véritable abordage. Un homme de chaque embarcation se jette à l'eau. Ils convergent vers le même point, puis l'un d'eux lève les bras en signe de triomphe.

Nous comprenons enfin ce qu'il se passe en voyant le poisson. Une énorme perche flottait à la surface, sans doute par manque d'oxygène, et les équipages des deux bateaux ont lutté pour ce trésor. Pesant 40 kilos, elle vaut environ deux salaires mensuels moyens dans la région de Mbita. On comprend mieux l'ardeur des deux pêcheurs, qui ont littéralement mis leur énergie vitale dans la bataille ! La survie, au bord du lac Victoria, nous apparaît de plus en plus comme une lutte permanente, contre la nature, les maladies, et même les autres hommes. L'histoire, qui sera sans doute dans toutes les discussions ce soir à Mbita, est une belle parabole illustrant la difficulté de la vie dans la région. Toutefois, le bateau vaincu ne semble pas tenir rigueur au vainqueur de sa prise, comme si l'héroïsme de la lutte lavait tout sentiment de jalousie ou de rancœur.
La vue de cette grosse bête semble avoir rendu le sourire aux pêcheurs de notre bateau. Les eaux troubles du lac renferment donc encore quelques pépites ! Sans doute la chance finira-t-elle par tourner, et eux aussi, bientôt, pourront rentrer à la *banda* avec un trophée... Johnny, désireux d'amuser la galerie, va chercher dans son bateau un cormoran qui s'est pris dans des filets de pêche. Les pêcheurs lui lancent tour à tour des pierres, à la manière d'un jeu de pétanque, jusqu'à l'achever. Ils sont hilares et ne se rendent pas compte que nous ne partageons pas leur intérêt pour ce jeu cruel.

En milieu d'après-midi, le vent se lève. Nous pouvons rentrer à la voile vers Mbita. « *Il ne faut pas rester trop longtemps sur les* Twin Islands, *c'est infesté de mouches tsé-tsé et de serpents, comme si le vieux fou qui habitait seul ici il y a une dizaine d'années avait maudit ces îlots pour que personne ne vienne y habiter* », glisse Simeon. Pour avoir bonne conscience, nous tentons de mettre nos lignes à l'eau : le succès n'est pas au rendez-vous. Quelques badauds viennent inspecter notre bateau lorsque nous arrivons à la *banda,* mais il n'y a pas de quoi pavoiser. La mine renfrognée, sans même répondre à nos salutations, les pêcheurs regagnent leurs foyers. Comment vont-ils expliquer à leurs femmes qu'une fois de plus, ils ont rôti au soleil pour rentrer les mains vides ? Et que dire à leurs enfants qui se plaignent que leur *ugali* est bien sec sans poisson en sauce ?

[5] Insulte très vulgaire, en luo.

Nos pêcheurs du lac Victoria auraient bien besoin d'un petit coup de pouce de la providence.

Simeon montre la technique pour placer les alevins sur les hameçons. Ci-dessus, Gilles applique la leçon.

Le scénario catastrophe

La pêche, au lac Victoria, c'est l'histoire d'un essor et d'une décadence rapides, une histoire de perche du Nil et d'industriels véreux, une histoire de misère et de drame écologique, aussi. Comment les hommes peuvent-ils être si miséreux dans une nature incroyablement prodigue ? Malgré tout, la jeunesse et l'optimisme des habitants font que l'espoir n'a pas encore quitté les rives du plus grand lac d'Afrique.

L'échec, en matière de gestion de la ressource, est à imputer en partie à l'inefficacité des pouvoirs publics. Les moyens de contrôle sur la taille des mailles des filets ou des périodes de pêche sont dérisoires et la corruption trop présente. On est typiquement dans un cas de « surpêche malthusienne » : la pauvreté et le manque d'alternatives conduisent à une exploitation à outrance de la ressource et, très rapidement, à sa disparition.

L'ONG Uhai Lake Forum, dont nous avons rencontré un chef de projet, Mark Omondi, tente de résoudre certains de ces problèmes en fédérant les pêcheurs du lac autour de projets de diversification de leur activité et de formation à une pêche plus durable. Il nous adresse une ultime preuve de l'optimisme et de la formidable capacité de résilience dont font preuve les habitants du lac Victoria : « *Vous savez, les jeunes,* uhai *signifie "la vie" en swahili. Notre forum a choisi ce nom, car en ce qui nous concerne, nous, les riverains, c'est le lac qui nous nourrit, nous berce, et tant que ses eaux ne se seront pas évaporées, il y aura de l'espoir.* »

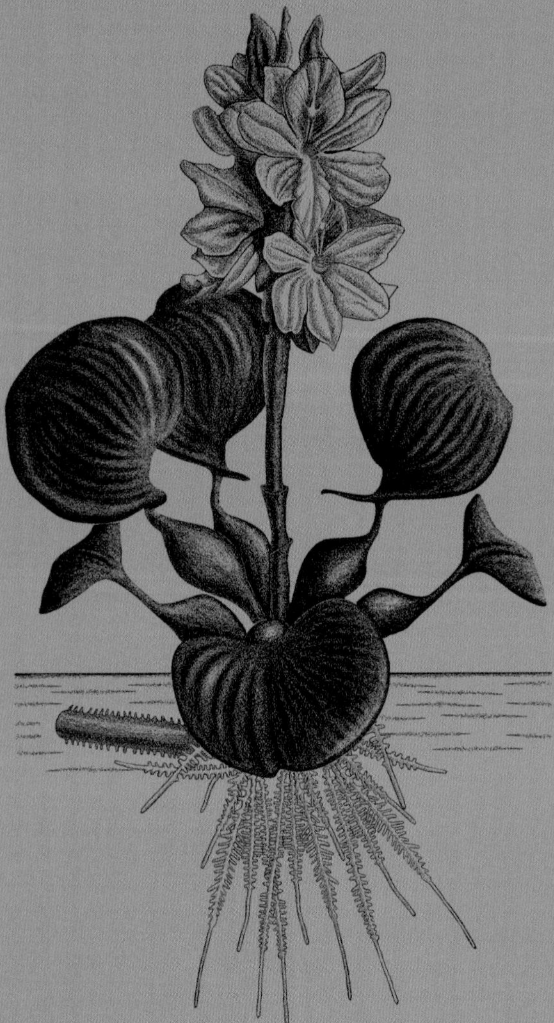

La jacinthe d'eau

La jacinthe d'eau est une **plante invasive** originaire d'Amazonie, introduite en Afrique au début du xxe siècle. Sa prolifération prive le fond du lac de lumière, tuant de nombreuses espèces.

L'élément perturbateur

La perche du Nil est introduite en petit nombre par le scientifique **Olufa Amaras** à la demande de l'administration coloniale britannique au milieu du XXe siècle. L'objectif est d'accroître le rendement du lac et de donner un « petit coup de pouce » à l'économie de la pêche.

Le scénario

À partir des années 1960, la population de perche du Nil croît à une vitesse vertigineuse, tandis que celle des espèces endémiques chute. **La voracité** du monstre d'eau douce aura conduit à l'extinction de quelque deux cents espèces endémiques : d'après les spécialistes de l'Union internationale pour la conservation de la nature, la perche du Nil fait partie des cent espèces invasives les pires au monde. Dans les années 2000, la faune aquatique dont elle se nourrit est trop réduite pour satisfaire les besoins du prédateur : la perche du Nil devient cannibale et sa population décline, elle aussi, rapidement.

Les acteurs de la tragédie

Les pêcheurs

Ils sont des centaines de milliers tout autour du lac Victoria. Le boom de la pêche, dans les années 1980, les a conduits à être de mieux en mieux équipés (bateaux plus grands, à moteur…) et surtout plus nombreux. Une véritable ruée vers l'or : de grandes migrations de travailleurs attirés par les gains potentiels, l'impression que la ressource est sans fin, et au bout du compte, seuls quelques individus qui touchent le gros lot.

Les intermédiaires

Ils sont nombreux, et ils irritent les pêcheurs qui ne comprennent pas pourquoi le poisson leur est acheté si peu cher en comparaison du prix de vente final au consommateur.

Les industriels

Une poignée de grosses entreprises contrôle le filetage et le conditionnement de la perche exportée en Europe ou au Moyen-Orient. Nous avons tenté de visiter l'une de ces usines, Peche Foods, près de Kisumu, au Kenya. L'accueil fut glacial. Après que nous avons franchi des murs hauts comme ceux d'une prison, nous nous retrouvons face à des gardes armés lesquels nous conduisent devant Johnny, le *boss*. Pendant cinq bonnes minutes, cet Indien ventripotent nous cuisine pour savoir si nous sommes journalistes, militants écologistes ou des droits de l'homme. Puis, sans prévenir, deux molosses nous prennent par le bras et nous expulsent sans ménagement de l'enceinte de l'usine. De retour à Kisumu, les pêcheurs à qui nous contons cette mésaventure rient bien de notre naïveté.

« *Ils ne vous montreront rien. Pire, vous risquez d'avoir de gros soucis si vous continuez à poser des questions sur ce genre de sujet. Parlez de foot ou de filles, ça risque rien, ça, au moins !* » nous lâche, hilare, un chauffeur de moto-taxi.

Les consommateurs

Nous, Européens, mais aussi nombre d'Asiatiques ou d'Arabes. Ce poisson blanc est resté très populaire (malgré quelques interdictions de l'Union européenne consécutives à des problèmes sanitaires) jusqu'au milieu des années 2000.

Les pêcheurs exposent leurs plus beaux trophées de la journée.

Ci-contre, la perche pèse 45 kilos.

La perche du Nil

Adulte, ce monstre d'eau douce peut atteindre 2 mètres de longueur pour un poids de 200 kilos. Sa bouche est large et protractile, sa mâchoire inférieure est proéminente, ce qui lui confère un air hébété avec ses gros yeux globuleux et rougeâtres. La première de ses deux nageoires dorsales est composée de sept épines, dont certaines sont aussi grandes et tranchantes qu'un couteau de cuisine. La perche du Nil est une redoutable carnassière qui dévore tout sur son passage.

En route vers Lamu

Des hommes sont assis en tailleur sur la plage de Malindi, où sont ancrées leurs barques. Abrités de la brise par un gros tronc d'arbre creux, ils discutent à voix basse en nous regardant puis nous font signe de les rejoindre. Un café est servi dans de minuscules tasses ébréchées en porcelaine, dont l'arôme très fruité et le corps étoffé tapissent bientôt nos palais. Tandis que nous dégustons, la discussion est très sérieuse. Nous sommes toujours surpris par la culture politique des Kenyans, laquelle, au surplus, ne s'arrête pas aux frontières du Kenya. François Mitterrand et Jacques Chirac ont été nommés par l'un des pêcheurs au cours d'une conversation sur l'Europe : « *Il est très élégant, Chirac, j'aime son style* », lâche même Rachidi. Après que nos compères ont écouté le résumé de l'objet de notre expédition, Shalo, le plus vieux, mentionne le nom d'une île de l'archipel de Lamu où vivent les meilleurs pêcheurs de langoustes du pays.

Cap au nord vers Kizingitini, sur l'île de Paté.

Le bus affiche complet, mais le chauffeur nous place dans l'escalier, aux côtés d'un jeune militaire aux muscles saillants qui porte une arme automatique. Quand nous l'interrogeons sur les caractéristiques de son fusil, Dasha nous dévoile ses tristes activités de terrain. Des conflits sanglants ont eu lieu le mois dernier entre la tribu des Orma, les éleveurs nomades, et celle des Pokomo, les paysans, pour des histoires de propriété foncière. Dasha a abattu deux hommes. « *Parfois, je me demande si je n'aurais pas mieux fait de pêcher comme mon père, à Lamu* », confesse le militaire, tandis que le bus roule à toute allure sur la piste rouge sans même ralentir à proximité des toiles blanc et bleu des camps de réfugiés. L'esprit encore troublé par ces récits sanglants, nous suivons les passagers du bus vers l'embarcadère et atteignons la ville de Lamu à la tombée de la nuit.

Un ange dans les ruelles de Lamu.

Le bain des ânes.

Lamu Town.

L'hôpital des ânes.

Les ânes de Lamu

L'étroitesse des ruelles de Lamu Town a imposé aux 20000 habitants de conserver un moyen de locomotion vieux comme le monde, adapté à la topographie de cette ville isolée du continent. Depuis des siècles, les ânes sont les Mobylettes de chacun. Partout dans la ville, hennissements et claquements de sabots remplacent klaxons et moteurs. Ces animaux sont autonomes, et lorsqu'ils ne travaillent pas, ils déambulent en quête de nourriture. À la périphérie de Lamu Town, on peut ainsi voir quelques ânes rachitiques broutant des morceaux de carton brûlé ou de plastique sur une décharge. Il existe même un hôpital spécialisé dans les soins aux ânes à Lamu !

Le cargo de l'archipel de Lamu

La vie se déroule sur un tempo lent à Lamu, la perle de la côte swahilie. L'archipel vit sur les restes d'une gloire passée dont témoignent encore les riches ornements des maisons de Lamu Town ou le savoir-faire des ébénistes et orfèvres qui tiennent toujours boutique. Des histoires extraordinaires planent sur ces îles. Ainsi, un vaisseau chinois qui aurait fait naufrage au XIVe siècle expliquerait les yeux bridés et les patronymes chinois de certains habitants de l'île de Paté. La légende rapporte même que le village de Shanga aurait été ainsi nommé en l'honneur de Shanghai…

Chaque mercredi, un bateau cargo part de Lamu pour approvisionner le reste de l'archipel en riz, huile et produits de première nécessité. De nombreux passagers profitent de cette traversée hebdomadaire pour rejoindre l'île de Paté et montent à bord pour 250 shillings kenyans [6]. À cinq heures du matin, la nuit est encore noire, laissant Orion nous éclairer. Les clapotis de l'eau sur l'embarcation annoncent la brise du matin qui s'installe juste avant que le soleil reprenne ses droits. Alors que les derniers tonneaux sont chargés, une puissante voix perce le silence. Perché en haut de son minaret, le muezzin chante de toutes ses forces à travers le haut-parleur et sort Lamu de son sommeil. L'appel à la prière terminé, le capitaine du cargo ordonne à ses hommes de mettre en marche le vieux moteur et de larguer les amarres. Le soleil perce l'horizon : il est temps de quitter le port, car les îles sont bordées de forêts de mangrove qui empêchent l'accès à marée basse. Comme sur tous les bateaux de l'archipel, on peut remarquer un petit rond de bois cloué à la proue, sur lequel est sculpté et peint le symbole du croissant de lune et de l'étoile. C'est une protection pour tous ceux qui prennent la mer.

[6] Environ 2 euros.

Le cargo transporte plus de cent personnes vers l'île de Paté.

Quelques passagers s'endorment la tête entre les genoux ou contre la rampe en bois qui maintient la montagne de marchandises. Les hommes ne prêtent pas réellement attention à nous, contrairement aux femmes, presque toutes couvertes d'un voile noir ou coloré. Profitant du calme qui règne à bord, nous immortalisons l'instant en prenant rapidement une photographie. La réaction ne se fait pas attendre : stupeur d'abord, puis colère des femmes, qui replient prestement leur voile sur leur visage, nous couvrant de honte.

Comme pour détendre l'atmosphère, un vieil homme nous interroge.

« Mzungu ! *Quel âge avez-vous ?* » nous demande-t-il avec un sourire décuplant le nombre de rides sur son visage buriné. C'est une question très commune, souvent parmi les premières avec les « *d'où venez-vous ?* » et les « *vous êtes chrétiens ?* » Notre réponse génère toujours la même réaction chez nos interlocuteurs : « *Quoi ? C'est une blague ? Je vous donne cinq ans de moins !* » Le vieux nous donne une petite tape sur l'épaule en riant, craignant de nous avoir vexés. « *Regardez le bateau qui nous suit là-bas, le* Nashkur », indique-t-il d'un coup de menton vers bâbord. Sans dire mot, nous observons le bateau bondé de passagers. « *Qu'en pensez-vous ? Qui va couler en premier ? Eux, ou nous ?* » s'esclaffe-t-il, faisant rire les enfants qui n'ont pas saisi sa boutade. Les heures passent vite avec notre nouvel ami. Nous effectuons un premier arrêt à Mtangawanda, du côté ouest de l'île de Paté. Une organisation militaire se met en place pour décharger la marchandise. Tout le monde se lève, descend du bateau ou se tient en équilibre sur les rampes pour laisser travailler les hommes du capitaine. Nous poursuivons notre route en longeant la côte. Les haltes s'enchaînent avant qu'on jette définitivement l'ancre à Kizingitini. Des petits canots viennent alors nous proposer leurs services pour faire la liaison entre le cargo et le quai du village. Nous montons sur l'un d'entre eux avec une femme couverte d'un voile noir qui ne laisse dépasser que ses petits pieds décorés de tatouages au henné. Enfin, nous voilà sur Paté. Nous espérons que Shalo a dit vrai.

Plongée en eaux somalo-kenyanes

Pour Mounsif, le capitaine d'un équipage de sept pêcheurs-plongeurs-chasseurs, difficile de s'expliquer le pourquoi du comment de notre expédition. Nous sommes blancs, donc les poches remplies de shillings kenyans, et il faudra se montrer généreux si nous voulons l'accompagner. Nous parvenons à un accord, longuement négocié, et allégeons la note en offrant une partie de notre matériel de pêche.

Tout au bout de la digue de Kizingitini, la voile du *Waridi,* notre embarcation, flotte dans l'air frais de l'aube, effectuant de lentes ondulations au gré de la brise. Tout le monde est à bord. Un des hommes borde la grande voile blanche, jaunie par la lumière du lever du soleil ; la voile ne se laisse pas dompter facilement et l'homme tire de toutes ses forces pour la calmer et l'immobiliser. Ça y est, plus un mouvement : le vent emplit le triangle de tissu et la barque quitte la digue.

Cap au nord, en direction de la Somalie.

On dirait bien que nous sommes les premiers à prendre la mer. À moins de 1 kilomètre, une régate de voiliers suit notre sillon : une centaine de travailleurs de la mer quittent le village. Qui trouvera le meilleur spot de langoustes ? Tout en jetant nos lignes à l'eau dans l'espoir de remonter un beau mérou, nous demandons au capitaine de nous enseigner la technique de la pêche à la langouste.

Les outils de chasse sont rudimentaires. Comme en Tanzanie, une pique de métal avec un manche en bois pour mieux l'avoir en main, et une épuisette rafistolée. La technique, quant à elle, est à la fois très élaborée et cocasse. D'abord, les plongeurs, équipés d'un masque aux verres fendus et, pour les plus chanceux, de palmes, doivent capturer un poulpe. Nous regardons Mounsif avec interrogation car nous pensions prendre le large pour traquer le crustacé roi, mais notre surprise est de courte durée.

Préparation du matériel de pêche.
À droite, prêt à plonger !

À bord du Waridi
avec le capitaine Mounsif
et ses sept membres d'équipage.

Une raie fraîchement harponnée.

Le capitaine est fier
de son poisson-perroquet.

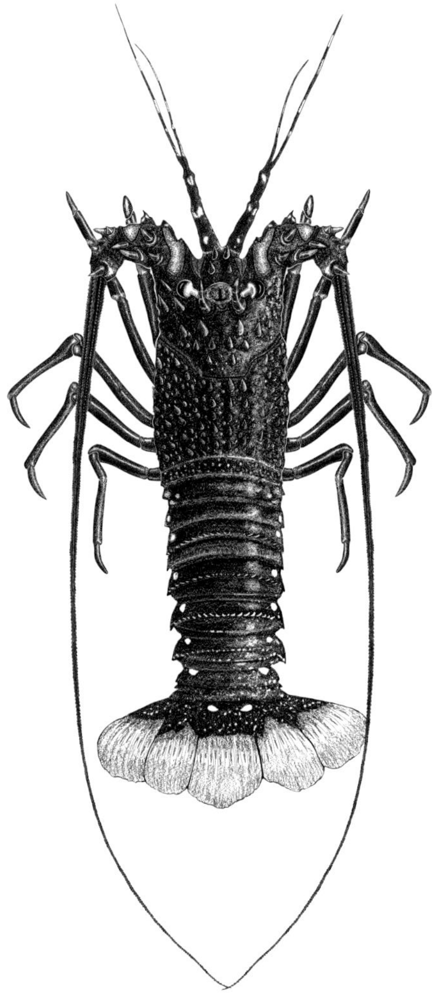

« Les langoustes ont une frousse bleue des poulpes, nous explique le capitaine.

Lorsqu'un de mes hommes repère une paire de longues antennes blanches, il s'approche lentement de l'animal et lui met devant le nez le poulpe à moitié mort en prenant surtout bien soin de placer son épuisette juste derrière la langouste. Épouvanté par le monstre à huit bras, le crustacé fuit dans la direction opposée et fonce droit dans le filet. Le tour est joué ! Vous n'aviez jamais vu ça avant, mzungu *?* »
Pourquoi ne pas planter la pique de fer directement dans la carapace dure de la langouste, comme le faisait Rachidine sur Nosy Mitsio, à Madagascar ?
Tout l'intérêt de cette technique vieille de plusieurs siècles est qu'elle permet de garder la bête vivante sans la blesser. Ainsi, elle pourra être vendue à prix d'or dans les restaurants huppés du pays.

À trois heures de Kizingitini, les plongeurs décident de sauter. « *Haiii wata!* » crie le premier en s'élançant dans l'air. Un à un, les hommes sautent et s'éloignent vers un horizon noirci par d'épais nuages qui se lèvent dans le ciel. C'est notre tour de passer par-dessus bord. Nous enfilons nos masques de plongée, dont le capitaine semble particulièrement jaloux, puis sautons à l'eau, sans crier. Mounsif choque la voile : le *Waridi* dérive maintenant au gré des courants. Puis il saute à son tour, laissant son fils de quatorze ans à la barre. Une eau troublée par de fines particules blanchâtres, et un ciel désormais couvert de lourds nuages sombres limitent la visibilité ; il faut donc plonger au hasard, en espérant tomber sur une patate de corail abritant une famille nombreuse de langoustes.
Une dernière grande inspiration, puis nous suivons Mounsif qui tend son arme vers le fond. Il repère rapidement une paire d'antennes blanches mais préfère ne rien tenter, car c'est d'abord au poulpe qu'il pense. La frustration de laisser les langoustes tranquilles sera de courte durée. À la seconde plongée, Mounsif remonte à la surface en laissant derrière lui une épaisse traînée noire : un énorme poulpe couvert de taches abricot et noisette libère son encre et agite frénétiquement ses huit bras, en vain, car la longue pique de fer traverse son corps mou. Le capitaine ne tient pas à achever la pauvre bête qui, en bougeant ses tentacules, effrayera d'autant plus la langouste. Quelques instants plus tard, il plonge droit vers une patate de corail et, du bout de sa pique qu'il tient de la main gauche, approche le poulpe agonisant d'un rocher couvert d'algues vertes.
À peine a-t-il le temps de placer l'épuisette à l'endroit voulu avec sa main droite, qu'une langouste fonce dans les mailles du filet. En se débattant, elle s'emmêle de plus belle dans le piège à cause de ses dizaines d'excroissances piquantes. Il faut savoir que face à un danger, la langouste utilise sa queue pour fuir et se propulse rapidement en arrière en opérant de violentes contractions de l'abdomen. À cette vitesse, il n'y a pas de seconde chance pour le plongeur si l'animal ne se fait pas prendre par la supercherie ou s'il évite les mailles de l'épuisette.

Ci-dessus, Guillaume prépare une ligne qu'il offrira au capitaine. Ci-contre, le fils de Mounsif, quatorze ans. En bas, petit poisson-perroquet.

Certains plongeurs remontent à bord avec des raies à points bleus, des petits mérous ou des poissons-perroquets.

Mounsif est fier d'exposer le poisson multicolore devant l'objectif de notre appareil photo. Quatre heures passent, et le fils du capitaine récupère un à un les hommes éparpillés à la surface de la mer. En nous attendant, il a appris par lui-même la pêche au moulinet avec notre matériel et a attrapé une petite carangue. À croire que les techniques et gestes du pêcheur sont innés pour ces hommes qui naissent sur la mer !

Tout le monde étant remonté à bord, le capitaine semble déçu de la journée de chasse, vu sa triste mine. Nous lui demandons pourquoi il ne tente pas de longer la côte encore un peu plus vers le nord. « *Vous êtes complètement fous ! Ça vous dit quelque chose, les pirates somaliens ? S'ils vous repèrent, vous êtes cuits. Vous valez sans doute beaucoup d'argent. Ces types ont des bateaux à moteur, donc on ne pourra pas leur échapper avec notre boutre* », prévient-il sur un ton très menaçant. C'est promis, nous arrêtons les questions stupides. La zone n'est effectivement pas sans risque, et sur l'île d'en face, Kiwayu, un hôtel de grand standing prisé par les Occidentaux est gardé par plusieurs hommes, kalachnikov en main. Nous restons tapis dans le fond du voilier pour nous faire discrets : comment ne pas imaginer les pires scénarios après les propos du capitaine ?

Cap vers l'île de Paté. De grosses gouttes tièdes nous lavent du sel de la mer.

À notre retour à Kizingitini, des hommes nous attendent, installés à l'ombre d'une cabane improvisée avec un morceau de voile de bateau. Ce sont les acheteurs, comptant et pesant les langoustes qu'ils proposeront aux hôtels et restaurants de Lamu ou de Mombasa. Le long de la plage, des casiers sont entreposés çà et là ; ils contiennent habituellement les crustacés pêchés et stockés durant la semaine en attendant la prochaine transaction.

Les langoustes capturées
vont être pesées et vendues
directement aux négociants.

La passion du ballon rond à Kizingitini

Derby mancunien, ce soir. Les supporters arborent les maillots de leurs équipes préférées et la nervosité des soirs de grands matchs flotte dans les rues. Tous les hommes du village convergent vers la salle commune où un petit téléviseur a été installé, branché sur un groupe électrogène. L'entrée est fixée à 20 schillings kenyans [7].

L'ambiance est étouffante tant la salle est bondée. Le placement des spectateurs semble régi par des règles précises. Les enfants sont assis à même le sol, tout près du téléviseur. Quelques bancs alignés sont réservés aux plus âgés ainsi qu'aux personnes importantes du village, comme nous l'explique Mwalemu, notre ami pêcheur. Enfin, les jeunes sont entassés, debout, au fond de la salle. Notre venue génère une cohue supplémentaire, car il nous faut prendre position et choisir notre équipe favorite : une vraie profession de foi qui suscite embrassades ou moues dubitatives, selon le camp de nos interlocuteurs. Pas une femme dans la salle ; c'est donc dans une ambiance riche en testostérone que la partie s'engage.

[7] Environ 15 centimes d'euro.

Les premiers buts ravivent les discussions, et la connaissance qu'ont les pêcheurs de Kizingitini du championnat anglais, des joueurs et des rivalités se révèle étonnante.

Si nous avions su à quel point le football anglais était suivi au Kenya, nous aurions révisé nos classiques avant le voyage ! À Kizingitini ou ailleurs, les discussions avec des hommes commencent souvent par une déclaration de soutien à telle ou telle équipe anglaise et par l'évocation des stars de Premier League. D'après Mwalemu, l'équipe que l'on soutient en dit long sur sa personnalité, et par conséquent, le choix doit être fait avec le plus grand soin. Les meilleurs joueurs de foot de Kizingitini, qui s'entraînent tous les jours sur un terrain sableux et jonché d'excréments de chèvre ou d'âne, ont l'honneur d'être surnommés Didier Drogba ou encore Wayne Rooney.
Le « théâtre des rêves [8] » porte décidément bien son nom.

[8] Expression fréquemment employée pour évoquer Old Trafford, le grand stade de Manchester.

ASIE

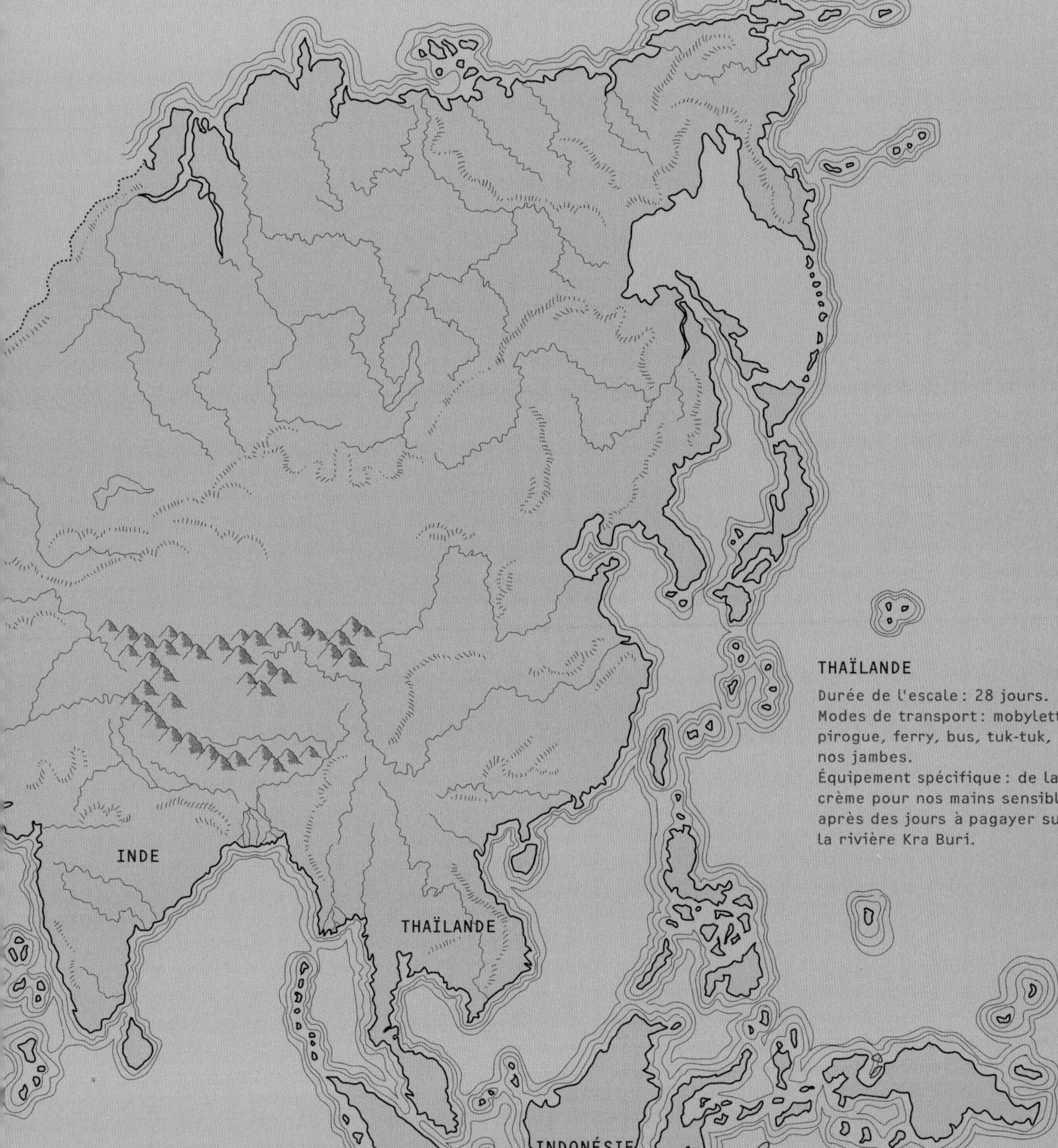

THAÏLANDE

Durée de l'escale : 28 jours.
Modes de transport : mobylette, pirogue, ferry, bus, tuk-tuk, nos jambes.
Équipement spécifique : de la crème pour nos mains sensibles après des jours à pagayer sur la rivière Kra Buri.

INDE

Durée de l'escale : 41 jours.
Modes de transport : camion, rickshaw, bus, train, avion, nos jambes.
Équipement spécifique : un guide sur la religion hindoue pour essayer d'y voir plus clair sur la religion aux trente mille divinités.

INDONÉSIE

Durée de l'escale : 50 jours.
Modes de transport : ferry, bemo (minibus), scooter, camion, pirogue, moto-taxi, avion, nos jambes.
Équipement spécifique : de gros leurres en plastique dur pour enfin ferrer un énorme barracuda.

ASIE / Inde / population : 1,3 milliard • superficie totale : 3,3 millions de kilomètres carrés • nombre de villages de pêche : 4 000 • 8 000 kilomètres de côtes • production aquacole : 4,7 millions de tonnes.

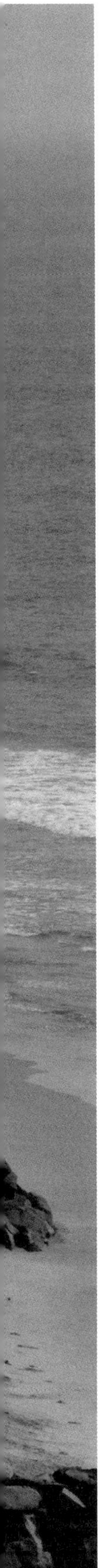

INDE

Au pays des vaches sacrées, la pêche, toutes castes et religions confondues, est le socle commun de millions d'hommes et de femmes. L'Inde est bordée de quelque 7 000 kilomètres de côtes, et l'odeur du poisson frais exposé partout sur les étals s'y mêle au parfum corsé du curry, aux vapeurs de thé *chai,* à l'encens enivrant et… aux exhalaisons fétides des détritus animaux et humains.

La légendaire diversité culturelle du pays se retrouve dans les mille et une techniques de pêche. Sur un boutre ou un chalutier, à la ligne ou au carrelet, ces savoir-faire sont le produit de longs siècles d'innovation et de partage ; ils permettent d'arracher à la mer et aux fleuves pas moins de cent espèces de poisson.

Le Kerala et le Tamil Nadu voient leur littoral attirer chaque année de plus en plus de bateaux. Ce contexte de surpêche est rendu plus aigu encore par les tsunamis ou les conflits avec les pêcheurs sri lankais, auxquels les Indiens doivent faire face aujourd'hui.

Pêche à la senne à Kovalam

Le *chai* est vite avalé, quoique encore brûlant : la plage de Kovalam n'est pas un salon de thé, et il faut profiter de la fraîcheur de l'aube pour pêcher à la senne. On nous fait signe de ranger nos cannes à pêche, car l'heure n'est pas au jeu et si nous sommes là, c'est pour tirer sur les filets comme tout le monde. Sahayam est le seul anglophone du groupe ; avec un bâton, il dessine dans le sable noir un demi-cercle tout en prononçant de mystérieuses paroles : « *Il faut encercler le poisson, il doit se sentir pris au piège. Il faut être rapide et puissant. Le plus difficile, c'est de bien poser le filet.* » Sans nous laisser le temps de demander des précisions, un vieil homme prend Guillaume par le bras et le traîne sur une pirogue instable, faite de trois troncs d'arbre juxtaposés. L'embarcation manque de se retourner au moment de franchir les premières vagues, déclenchant un rire nerveux chez les pêcheurs restés à terre.

Le frêle esquif décrit un arc de cercle de plusieurs centaines de mètres pendant qu'on déroule le filet. Celui-ci, monté sur deux ralingues, l'une garnie de flotteurs et l'autre de lests, se manœuvre au moyen de deux filins fixés aux extrémités et servant lors du rabattage et du halage des poissons. Le procédé est long et périlleux. Guillaume s'occupe du filet, qui ne doit surtout pas s'emmêler pendant que deux pêcheurs pagaient. Une fois le filet posé, plusieurs hommes se jettent à l'eau et se placent tout autour à intervalles réguliers. Pour faire fuir le poisson vers les mailles, ils frappent l'eau de leurs mains en criant des mots incompréhensibles ; ils sont manifestement en transe, possédés par un esprit ou animés par une drogue très puissante. Sahayam, nous voyant fascinés par le spectacle, nous glisse à l'oreille : « *Vous savez, ces hommes qui sont à l'eau, ce sont les plus fous du village ; ils adorent crier dans l'eau. Moi, ça m'arrange, je n'ai pas trop envie de me baigner !* »

L’épreuve de tir à la corde commence enfin, sous un soleil de plomb. Deux équipes d’hommes assis sur la plage tirent un filin pour remonter le filet. Le rythme et la coordination sont essentiels. À un, on tire sur la corde, à deux, on se relâche et on avance les mains. Après trois enchaînements de « *onru, irantu* [1] », quelques secondes de pause pour s’éponger le front. La rigueur de l’exercice est toute militaire, et les seules voix qui se font entendre répètent comme un mantra : « *onru, irantu, onru, irantu…* » Le filet semble peser des tonnes, et dans la monotonie de la manœuvre, on se met à rêver d’une pêche miraculeuse. Nos compagnons sont des hommes de tous âges et personne ne se défile : vieux portant le *dhoti* traditionnel et jeunes convertis aux jeans tirent leur part du fardeau. On est assis puis debout, et la frénésie monte à mesure que le butin se rapproche.

[1] « Un, deux », en tamoul.

Pêche à la senne, les pêcheurs de Kovalam ont presque terminé leur bataille contre le filet.

Tir à la corde.

Trois pêcheurs de Kovalam rassemblent les poissons pris dans le filet. À droite, des hommes tirent sur un câble électrique qui gêne le passage des bateaux.

Pose du filet
en pleine mer.

Pour encourager les troupes, alors que l'objectif est à quelques encablures et que les muscles sont tendus, deux ou trois meneurs nous encouragent de leur voix rauque. Un vieil homme libère même son poste pour nous mettre des petites tapes sur les fesses ; plutôt sympathique, le garde-chiourme ! Ça y est, ce n'est plus de la corde que nous tirons mais bien des mailles de filet ; on avance jusqu'à avoir les pieds dans l'eau, et quelques minutes de sueur plus tard, le trésor est sur la plage. Excités comme des gamins face à un coffre cadenassé, nous nous frayons un chemin jusqu'à l'objet de nos fantasmes.
Horreur ! Il y a plus de plastique que de poissons. Une belle murène, des emballages divers, des bouteilles, quelques sardines. Les pêcheurs ne paraissent pas excessivement déçus par la moisson du matin. Sans traîner, un tri est fait avec d'un côté les poissons et de l'autre les détritus en tout genre. Une fois l'affaire terminée, deux vieillards ramassent le plastique et le jettent à l'eau, ce qui hérisse nos poils de bons éco-citoyens férus de tri sélectif. Assommés par la chaleur, nous rejoignons un coin d'ombre où quelques pêcheurs s'abritent. Ils nous serrent la main en dodelinant de la tête pour nous remercier de notre contribution. Deux gamelles de riz avec du poisson en sauce très épicé circulent. Il est trop tôt pour agresser nos fragiles intestins et nous passons poliment notre tour.

Après une longue hésitation, Sahayam décide de nous emmener pêcher à la traîne sur son bateau. Il prend un gros risque, car une loi interdit formellement aux pêcheurs indiens de prendre des étrangers à leur bord. Moment d'euphorie : après des jours à traîner au port de Kanyakumari et à parler en vain à des pêcheurs, nous touchons au but ! Notre ami semble très intéressé par la possibilité de tester nos leurres français. À bord du petit bateau à moteur : Sahayam, son fils Mirhan, et Anbu, qui tient debout la grosse barre en métal attachée au moteur et prend beaucoup de plaisir à piloter le bateau. Anbu se penche comme sur une moto pour franchir les vagues et pousse des cris de joie, semblant étonné que le bateau soit encore à l'endroit...

Quant à Sahayam, il est fasciné par notre collection de leurres et veut tous les essayer.

Pas facile, dans ces conditions, d'attraper du poisson ! Entre deux changements de leurre, une petite carangue se prend quand même sur notre ligne. Pas de quoi faire un festin, mais notre ami insiste pour que nous ne la rejetions pas à l'eau. *« Vous savez, mes amis, le poisson se fait de plus en plus rare par ici, alors tout ce qu'on attrape, on le garde, parce que si ce n'est pas moi qui le mange, ce seront d'autres pêcheurs qui le feront ! Moi, je suis malin, j'ai deux bateaux, donc je me débrouille, mais certains pêcheurs à Kovalam galèrent vraiment. Heureusement que les familles sont solidaires et qu'elles envoient quelques roupies au village... »*

Huit hommes remontent
un filet de plus de 500 mètres
de longueur.

Soudain, nos deux lignes se tendent, puis cassent ; ça devait être du gros ! « *Ne vous excitez pas les jeunes, vos lignes se sont prises dans un filet.* » Sans aucune gêne, Sahayam commence à remonter un filet pour chercher les leurres que nous avons perdus. « *Mais attends, il n'est pas à toi, ce filet, non ?* » Il nous ignore et continue pendant plusieurs minutes à relever le filet. Nos leurres sont définitivement perdus, mais notre ami ne s'embarrasse pas de sentiments et vole deux carangues prises dans les mailles. « *Entre pêcheurs de Kovalam et de Kanyakumari, ce n'est pas le grand amour. Ils sont riches, eux ; les politiques les aident à acheter leurs bateaux… et nous, le petit village de Kovalam, on n'a rien. Alors quand je peux, je n'hésite pas à me servir dans le filet de ces chiens.* » Ce que nous racontera le professeur Poyyamoli quelques semaines plus tard sur le manque de solidarité et de cohésion au sein de la population de pêcheurs semble se vérifier à Kanyakumari aussi. Une fois à Kovalam, on offre un beau leurre français à Sahayam et une canne à pêche à son fils qui, en quelques minutes, devient un as du lancer sous les applaudissements d'une troupe de badauds. Le pêcheur nous fait noter avec soin ses coordonnées et nous implore de revenir un jour au 172, Merleturu Main Road. Un dernier verre d'un lait épais et tiède et nous voilà repartis vers Kanyakumari. L'imposant temple de la ville se colore de pourpre à mesure que le soleil se couche, tandis qu'avachis aux alentours, mutilés et infirmes s'exhibent sans pudeur dans l'espoir d'apitoyer les pèlerins et leurs roupies. « *Il semble qu'en Inde, la beauté ne peut venir qu'accompagnée de son lot de laideur* [2] », et le poisson, de déchets de plastique !

[2] Pascal Bruckner, *Parias*, Paris, Seuil, 1985.

Pêche à la traîne avec Sahayam, son fils et le barreur.

Décompte du butin sur la plage.
Pas de surprise aujourd'hui.

Œil peint à la proue du bateau.

Les yeux de Kovalam

Émeraude, turquoise, noirs ou noisette, sur la plage de Kovalam, des centaines de paires d'yeux semblent nous dévisager.
Les barques alignées, attendant que leurs maîtres les poussent à l'eau, sont peintes de mille couleurs flamboyantes et décorées de divers petits symboles. Ce qui retient notre attention, ce sont ces yeux à la proue, qui transforment la coque en un nez anguleux. À l'aube, sur la plage encore sombre, on croirait que tout un village attroupé nous toise. Mais nous sommes seuls, et ces regards, qu'ils soient doux, surpris ou courroucés, fixent inlassablement l'horizon, impassibles : notre présence matinale ne saurait les perturber.
Pendant les longues heures passées à attendre que la marée soit propice à remonter la senne, Santhiya nous révèle l'origine de la présence d'yeux à la proue des barques des pêcheurs tamouls.

« Il y a trois raisons qui expliquent cette tradition perpétuée depuis des siècles. Avant tout, les hommes de la mer considèrent leurs bateaux comme des personnes avec lesquelles ils travaillent dur pour vendre leur poisson. Ils les bichonnent autant qu'ils prennent soin de leur femme. De l'huile pour nourrir le bois, une couche de peinture ou de résine, et surtout ces yeux, peints avec précision, que les bateaux n'ont pas encore à leur naissance. Après tout, prendriez-vous la mer sans vos yeux ? Ensuite, ces yeux, de par leur taille, peuvent voir à travers le brouillard, ou pendant la nuit sous un ciel sans étoiles. Ainsi, le pêcheur aveuglé se laisse guider par son bateau, qui retrouvera la côte avec bien plus d'aisance que lui. Enfin, la raison plus importante est liée aux mauvais esprits. Regardez par là : la mer d'Oman à l'ouest, l'océan Indien en face, et le golfe du Bengale à l'est. Trois mers se rencontrent, générant d'intenses courants. C'est bon pour la pêche, mais c'est aussi très périlleux ! Les yeux du bateau protègent les pêcheurs du mauvais œil et de ces mers tumultueuses. »

À Lamu aussi, les pêcheurs étaient superstitieux. Nous rapportons à Santhiya qu'aucun musulman n'y prendrait la mer sans le croissant et l'étoile fixés à la proue du bateau.
Et lui de conclure avec un clin d'œil :

« Je paierais cher pour voir un de ces pêcheurs africains affronter nos mers avec une simple étoile et un croissant ! »

Des pêcheurs chrétiens dans un important lieu de pèlerinage hindou

Kanyakumari attire des pèlerins hindous de toute l'Inde, qui viennent se recueillir dans le temple de Bhagavati. En fin d'après-midi, dans un air saturé d'encens, ils sont des milliers à s'entasser sur la plage pour assister à l'un des plus beaux couchers de soleil du pays. Tonnerre d'applaudissements au moment où l'astre chéri disparaît derrière la ligne d'horizon. La ville entière semble prise de ferveur religieuse et mercantile, car oui, les marchands de souvenirs pieux tirent bien leur épingle du jeu !
Les pêcheurs de Kanyakumari portent un regard amusé sur ce charivari religieux. Ils sont tous catholiques et prient saint Pierre, le patron des pêcheurs. Un soin tout particulier est apporté à la décoration de leurs longues chaloupes : dans un curieux syncrétisme, des images de la Vierge Marie se mêlent à des photographies de poissons ou encore de joueurs de tennis.

Parfois, la messe est célébrée en plein air.

Un silence de cathédrale, presque surréaliste, s'empare de la petite place située juste derrière la plage. Les femmes, dans leurs saris bigarrés, comme les hommes, en *dhoti*, mastiquent leur hostie. Une des raisons officieuses du succès du christianisme dans le sud de l'Inde est que cette religion monothéiste offre une possibilité d'ascension sociale aux indigents des basses castes, qui se sont donc convertis en masse. Mieux vaut être chrétien que *dalit*[3], et ce, malgré l'abolition légale de l'intouchabilité.

[3] *Dalit*, mot sanskrit, signifie « du groupe des intouchables ».

Les femmes des pêcheurs rentrent
à la maison. Elle sont venues
souhaiter bonne chance à leurs maris
qui viennent de quitter le port.
Ils rentreront dans trois jours.

En ce moment, c'est Pongal, une fête des moissons à l'origine mystérieuse. Chrétiens et hindous font bouillir dans la rue du riz avec du lait frais et du sucre brun et le partagent avec leurs voisins. Les enfants des pêcheurs sont à la fête ; munis de craies de couleur, ils couvrent les étroites ruelles de dessins géométriques, de fleurs et d'arabesques. Les violences interreligieuses qui agitent régulièrement le nord de l'Inde paraissent bien loin de Kanyakumari : la tolérance y est telle que certains hindous rencontrés dans le temple de Bhagavati nous ont même demandé de leur montrer comment nous vénérions Jésus-Christ !

Pêche aux oursins à quelques kilomètres de Kanyakumari.

Le soleil est au plus haut, de jeunes hindoues se rafraîchissent dans la mer.

Les carrelets de Fort Cochin

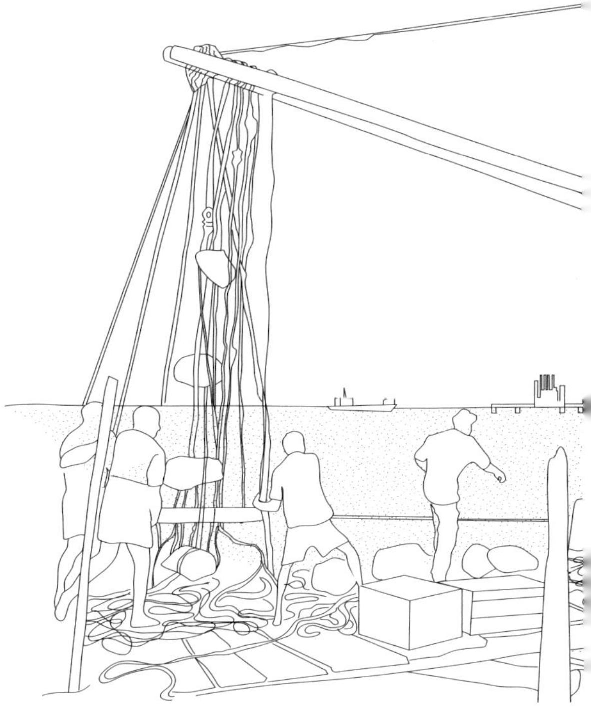

Fort Cochin, six heures du matin. Au nord de l'île de Mattancherry, des hommes s'activent en silence. Sur une musique de poulies grinçantes et d'oiseaux piaillant, un ballet de carrelets s'engage dans la brume fraîche.

Obnubilés par la beauté du mécanisme, nous fixons chaque élément qui constitue le carrelet et observons les gestes précis de chacun.

Notre curiosité ne passe pas inaperçue, et un homme maigrelet, perché sur l'un des mâts, s'énerve. Nous ne comprenons évidemment rien à ce qu'il nous dit mais ses gestes sont explicites : « *Plutôt que de nous regarder sans rien faire, rejoignez donc ceux du fond et tirez sur les cordes avec eux !* » Honteux, nous nous exécutons sans dire un mot, provoquant un véritable fou rire dans toute l'équipe.

Une fois le carrelet basculé, les pêcheurs s'accordent quelques minutes de repos sous une cabane construite à partir des déchets de la ville de Cochin. C'est l'occasion de boire un thé bouilli sur des braises ravivées à chaque pause et de partager quelques morceaux de parathas[1], dans l'attente que des poissons curieux viennent flirter avec les mailles du filet. Les tasses vidées, chacun s'installe à son poste et, au signal du gros moustachu, tire de toutes ses forces sur les cordes afin de ramener les lourds contrepoids vers le sol.
En équilibre aux quatre coins de l'armature du carrelet, des oiseaux s'apprêtent à plonger sur les poissons pris au piège entre le filet et la surface de l'eau. Ces voleurs n'ont pas l'air d'agacer les pêcheurs, qui prêtent plus d'attention aux grosses bêtes qu'aux vulgaires fritures.

Sur l'île artificielle de Willingdon, à quelques encablures à peine, c'est un ballet d'un autre genre que nous distinguons à travers une épaisse nappe de pollution : une gigantesque zone portuaire bordée de grues agitant leurs long bras pour décharger les bateaux cargos qui terminent une longue traversée de l'océan Indien.

[1] Petites crêpes confectionnées sans œuf ni lait.

Technique de pêche héritée au xve siècle de l'explorateur chinois Zheng He, les carrelets sont de grands filets de quelques mètres carrés maintenus par une armature en bois. Ces filets, suspendus à un mât d'une vingtaine de mètres de hauteur, sont mis à l'eau grâce à un système ingénieux de balancier, poulies, cordages et lourds contrepoids de pierre, le tout sur pilotis, au-dessus de l'eau. Il faut une dizaine d'hommes pour remonter le dispositif.

Dhanushkodi

La route que nous empruntons avec notre Mobylette est curieusement très large. Elle n'en est pas pour autant fréquentée. Au fil des kilomètres, la vie semble disparaître, les hommes sont de moins en moins nombreux, les forêts ne sont plus que des arbustes épars à moitié ensevelis par le sable.

À 1 kilomètre de Mooram, le dernier village « vivant » avant Dhanushkodi, nous faisons une halte. Des hommes et, pour la première fois depuis le début de notre voyage, des femmes arrachent de toutes leurs forces une senne à la mer. Grâce aux gestes appris à Kovalam, nous les aidons et tirons sur la corde durant plusieurs heures jusqu'à nous brûler les mains. L'effort est récompensé. D'un geste discret et en silence, comme pour économiser l'énergie restante, une jeune femme abritée sous un sari vert menthe et orange nous invite à la suivre jusqu'à sa case. À même le sable, elle improvise un feu et y dépose directement quelques petits poissons aux nageoires épineuses. Les écailles noircies annoncent une cuisson à point ; la jeune femme plonge ses mains dans les flammes, ramasse les mets brûlants et les dépose dans le creux de nos paumes. Nous la remercions à grand renfort de « *nandri* [4] », mais comme un écho, elle répète sans cesse avec un hochement de tête ce mot que nous prononçons certainement très mal. Encore un de ces quiproquos ! Qu'importe ! Le repas improvisé se déroule dans la meilleure ambiance et ce poisson frais est délicieux ! Un dernier « *nandri* », et c'est reparti.

[4] « Merci », en tamoul.

Après avoir aidé les pêcheurs à remonter le filet, une femme nous offre du poisson grillé sur un feu improvisé dans le sable.

22 décembre 1964, vingt-trois heures.

Au bout d'une langue de sable blanc large de 100 mètres et longue de 10 kilomètres, le vieux train en provenance de Rameswaram termine son trajet à Dhanushkodi quand il est frappé par un gigantesque mur d'eau qui emporte tous ses passagers dans les abysses de l'océan Indien. En quelques secondes, le village de pêcheurs du bout du monde, à quelques longueurs du Sri Lanka, est effacé de la carte. La légende raconte que l'océan Indien aux eaux bleues et la mer du Bengale aux eaux brunes ont décidé de se rencontrer pour manifester leur colère. Aujourd'hui, seuls les vestiges de l'église, de l'école et de quelques maisonnettes en brique rappellent qu'un petit millier de pêcheurs prospéraient ici il y a une cinquantaine d'années.

Dhanushkodi. Des ruines de brique rouge poussent dans un champ de sable brûlant. Le vent chaud s'engouffre entre les derniers murs debout et chante comme pour annoncer une ultime présence dans ce village abandonné.
Un homme ! Non, deux ! Nous fonçons vers eux instinctivement, comme si nous craignions qu'ils ne disparaissent subitement. Ils transportent une dizaine de raies suspendues à un bâton. Par chance, l'un d'entre eux bredouille l'anglais.

– *Vous habitez ici ?* demandons-nous un peu naïvement.
Les deux hommes habillés de *dhotis* blancs rient et nous répondent.
– *Plus personne ne vit ici depuis bien des années. Il ne reste que quelques pêcheurs comme nous qui viennent occasionnellement, lorsque la marée est propice à la pêche. Malheureusement depuis le tsunami, les prises se font rares, et certaines espèces ont disparu.*
– *Vous voulez dire que depuis cinquante ans, la pêche est mauvaise ici ?*
– *Non ! Ce n'est pas le tsunami de nos parents dont je parle, c'est celui de 2004, qui a frappé tout l'océan Indien. Nous étions ici au moment de la grande vague. Quelques minutes avant, la mer s'est complètement retirée jusqu'au Sri Lanka. On aurait pu y aller à pied, en courant vite !*

– *Mais toutes ces raies... C'est un beau butin non ?*
– *Je vous en aurais montré dix fois plus avant la grande vague. Mais j'ai bon espoir. Regardez autour du vous. Vous voyez d'autres pêcheurs ici ? Il n'y pas de concurrence, contrairement à Rameswaram. Avec un peu de temps, les poissons reviendront nombreux. Qui sait, peut-être qu'un jour nous reconstruirons les maisons de nos parents ?* soupire le pêcheur en tendant la main vers un tas de pierres.

Rameswaram

Dans le port de pêche de Rameswaram règne une ambiance de vraie fourmilière. Tout le monde s'active à décharger, étaler, sécher, saler et ensacher le poisson.

Que seraient les pêcheurs, sécheurs et saleurs de Rameswaram sans leur Ponnilaï, reine du *chai*?

Ponnilaï, toujours habillée d'un sari aux fleurs bleues et couverte de bijoux en or, est une quinquagénaire réputée pour son thé *chai* exceptionnel. Sa minuscule gargote flotte au beau milieu des hectares de poissons mis à sécher sous les rayons ardents du soleil de Rameswaram. Son toit végétal, dont les matériaux proviennent directement de la mangrove, offre un précieux coin d'ombre à tous les travailleurs de la mer qui viennent y prendre leur pause et savourer l'élixir de leur thaumaturge. Dès l'aube, le feu est allumé sous la grosse marmite pour faire bouillir le thé et ses mille ingrédients aux parfums envoûtants. Toute la journée, la reine du *chai* répète la même danse des bras pour servir son thé. Le précieux breuvage vole de tasse en tasse sans qu'aucune goutte ne soit perdue. Son secret ? Même Shiva l'ignore.

Chudar travaille au séchage du poisson à Rameswaram. Son visage marqué par le temps dégage une certaine sagesse. Par des gestes, elle tente de nous expliquer la difficulté de son métier et de ses journées passées à courber l'échine au-dessus d'un râteau. Son visage s'illumine quand nous lui offrons un *chai* chez Ponnilaï !

Un vieil homme maigrelet demande notre aide pour remonter sa petite embarcation.

Un couple d'**Indiens démêle** son filet.

Le *fish thali* sur sa feuille de bananier

Plat préféré des pêcheurs tamouls, le *fish thali* se déguste dans n'importe quel boui-boui pour moins de 70 roupies[1]. Nous avons notre favori à Kanyakumari, dans la North Car Street. À notre première visite, le cuisinier espiègle qui a transformé un vieux tonneau en barbecue-four-friteuse nous fait goûter sa « sauce magique » au curry. Un cocktail détonnant *made in Tamil Nadu*.

Le *fish thali*, c'est quoi ? Du poisson frit agrémenté d'une sauce (très) piquante et accompagné de petits assortiments de garniture répartis tout autour.

Le poisson

Un rouget fait l'affaire. Il faut le rouler dans la sauce au curry, en veillant à ce que plus une seule écaille ne soit visible. Tartiné de sauce, il est ensuite plongé dans un bain d'huile bouillante durant quelques minutes à peine.

Les assortiments

5 ou 6 petits plats entourent le poisson. Par exemple :

- le *raita* aux concombres (du yaourt, du concombre et de la menthe) ;
- du chutney de noix de coco (coco râpée, piment et citron) ;
- de l'ananas en sauce au curcuma ;
- du *sambar* (petits légumes en sauce au tamarin) ;
- du *dhal* (purée de lentilles) ;
- du gombo à l'ail et au piment.

Pas d'assiette ! Une large feuille de bananier remplace la porcelaine et présente le double avantage d'activer certaines saveurs et surtout d'éviter de faire la plonge !

[1] Environ 80 centimes d'euro.

Professeur Poyyamoli

Le professeur Poyyamoli enseigne au département Écologie et Sciences de l'environnement de l'université de Pondichéry.

Le professeur Poyyamoli enseigne au département Écologie et Sciences de l'environnement de l'université de Pondichéry. C'est un homme érudit, petites lunettes rondes sur le nez, qui nous reçoit dans son bureau. Il faut être très concentré pour suivre la conversation, compte tenu de son accent indien et du vacarme du ventilateur. Rapidement, le professeur aborde le cœur du sujet : les difficultés rencontrées par les communautés de pêcheurs dans la région.

– Vous savez, la situation des pêcheurs s'aggrave d'année en année ici, à Pondichéry, comme dans l'ensemble du pays. La Shining India[5] *se fait sans eux, voire parfois même à leurs dépens. Un problème central que doivent affronter les pêcheurs, c'est que bien souvent, ils n'ont pas de titres de propriété pour les terrains qu'ils occupent. Ils peuvent donc se faire expulser à tout moment, par des promoteurs immobiliers notamment. Et avec l'essor du tourisme à Pondichéry, les projets d'hôtels en bord de mer sont nombreux…*

– Et les pouvoirs publics, dans tout ça ? Est-ce qu'il y a une politique de soutien aux pêcheurs artisanaux ?

– Je vous fais la réponse sans langue de bois. Oui, il existe des politiques publiques qui leur sont destinées. Mais la corruption, qui est très présente, les rend bien souvent inefficaces. Et puis, les moyens alloués aux politiques de pêche sont souvent dérisoires : on est conscient que les stocks de poisson déclinent fortement, mais il y a trop peu de garde-côtes pour contrôler la taille des filets ou encore assurer le respect des périodes où la pêche est interdite. C'est vraiment la jungle, ici ! Certaines subventions sont absurdes. Il existe, par exemple, une subvention sur le gasoil. Évidemment, ça ne concerne que les pêcheurs qui possèdent un bateau à moteur, qui sont les plus riches. Ce dispositif renforce donc les inégalités et les jalousies ! En fait, je pense qu'un des gros problèmes de cette population en Inde, c'est qu'ils n'arrivent pas à parler d'une seule voix : dans le même village, il y a souvent trois ou quatre syndicats de pêcheurs, selon les castes ou le type de pêche pratiqué (bateau à moteur ou pas…). Je ne vous raconte pas l'ambiance dans les réunions !

[5] « L'Inde qui brille », en anglais. Cette expression fait référence à la frange de la population qui bénéficie de la croissance économique.

Rénovation d'un vieux bateau de pêche. Trois mois de travaux sont nécessaires avant qu'il puisse reprendre la mer.

– Le constat est sombre ! Quelques notes d'espoir dans tout ça ?

– Je suis un éternel optimiste et je suis convaincu qu'il est encore possible de changer les choses dans mon pays. Pour ça, il faut impliquer la jeunesse. Pour ce qui est des pêcheurs, il faut qu'ils reprennent leur destin en main et qu'ils n'attendent pas trop le soutien de l'État pour s'en sortir. Prenons l'exemple des intermédiaires qui se font des marges énormes sur leur dos. S'il y avait plus de fabriques de glace et d'espaces de stockage dans les villages, les pêcheurs couperaient l'herbe sous le pied des acheteurs et vendraient leur pêche à un prix plus décent.

De la même manière, développer un tourisme plus responsable, qui profite davantage aux communautés sans dégrader l'environnement, doit être une priorité.

Rajamanikam, un doctorant de l'université de Pondichéry, nous conduit jusqu'à un village de pêcheurs, pas très loin de l'université. L'érosion grignote la côte et le village a déjà été déplacé à plusieurs reprises. Il nous explique avec beaucoup de mépris : « *On se croirait en Afrique, à voir ces enfants habillés de guenilles et ces femmes qui font la cuisine à même le sol.* » On retrouve dans ces paroles de l'universitaire une partie des clivages qui traversent la société indienne, où les discriminations fondées sur les castes ou les origines sociales sont proscrites mais toujours prégnantes.

L'alcoolisme est manifestement un fléau ici, vu le nombre de cadavres de bouteilles qui jonchent la plage. On s'étonne du peu de jeunes qui réparent les filets ou poussent les bateaux à l'eau. « *Rien d'étonnant, mes amis, les jeunes sont tous partis chercher du boulot en ville. Le village est en train de mourir à petit feu, sous les coups de boutoir des tempêtes et de l'exode des jeunes.* » Le tsunami de 2004 a été dévastateur à Pondichéry, et plusieurs villages ont été tout bonnement rayés de la carte. Leurs habitants s'entassent toujours dans un lotissement de cinq mille maisons identiques construit dans l'urgence par les pouvoirs publics après la catastrophe. Imaginez le malheur de ces pêcheurs qui ont été éloignés de leur mer par la force et doivent parcourir chaque jour une vingtaine de kilomètres pour aller pêcher !

Un jeune garçon décharge un thon jaune sur la plage de Rameswaram.

Le thon jaune

On le croise dans toutes les eaux de la planète.

À Rameswaram, c'est le poisson roi, que seuls les pêcheurs expérimentés parviennent à capturer.

On comprend mieux la joie du jeune homme qui insiste pour que nous le photographiions avec son trophée ! Excellent en carpaccio ou sashimi, évidemment.

ASIE / Thaïlande / population : 70 millions • 30 000 élevages de crevettes • 2 millions d'emplois dans la pêche • contribution de la pêche au produit intérieur brut (PIB) : 3 milliards d'euros • 60 000 bateaux de pêche (80 % de type traditionnel).

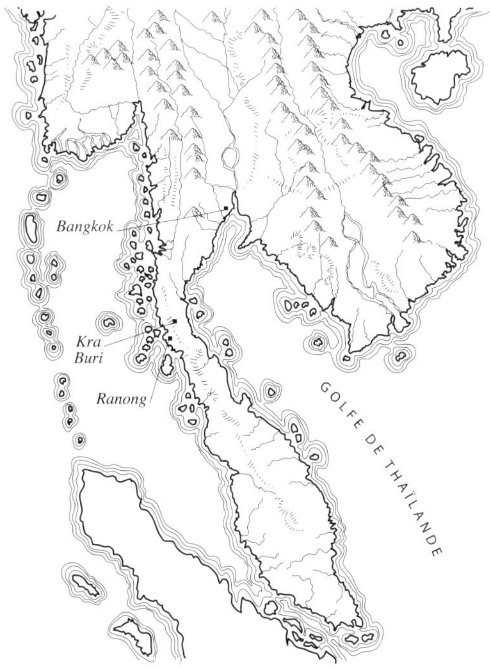

THAÏLANDE

La Thaïlande… et les eaux turquoise qui baignent des îles aux noms exotiques comme Koh Lanta ou Koh Phi Phi, connues des voyageurs du monde entier pour leur faune sous-marine et leurs folles nuits. La Thaïlande… et les eaux brunes d'un des fleuves les plus puissants du monde, le Mékong, avec ses raies et ses poissons-chats géants.

Pourquoi donc s'intéresser à une petite rivière qui ne sort guère de l'ordinaire, la Kra Buri ? La « normalité » de la Kra Buri fait tout son intérêt. Ici, les pêcheurs vivent de leur art, selon des techniques qui ont peu évolué au cours des siècles. Ici, l'hospitalité à la thaïlandaise a encore un sens, car « *il faut traiter les voyageurs comme ses enfants* », nous confie Lu, un pêcheur du coin. Pour aller à la rencontre des habitants de la rivière, nous avons navigué à bord d'une simple pirogue, à la force de nos bras, allant au hasard des méandres du cours d'eau…

Police !

« *Vos papiers, et vite ! Qu'est-ce que vous êtes venus foutre ici ? On fait pas de tourisme sur la rivière Kra Buri, non ?* » hurle un homme en uniforme dans un mauvais anglais. Nous voyant apeurés dans nos sacs de couchage, les trois policiers thaïlandais baissent leur projecteur : leurs visages juvéniles sont rassurants. Un petit attroupement de villageois aux paupières lourdes de sommeil s'est formé autour de nous et murmure des messes basses. La tension retombe à mesure que les trois hommes fouillent nos sacs. Ils nous prenaient sans doute pour des trafiquants de drogue venus de la Birmanie voisine car le cours d'eau sert de frontière naturelle entre les deux pays ; déception pour eux, les tubes de nos cannes à pêche ne contiennent pas de substances illicites ! Les hommes en armes étant enfin disposés à nous écouter, le récit de notre périple sur la rivière Kra Buri peut commencer.

Tout a débuté trois jours plus tôt par un poisson-chat en sauce dégusté au marché couvert de Kra Buri, petite bourgade paisible posée près de la rivière du même nom.

Un délice, accompagné de riz et d'un thé brûlant. Et si nous allions nous-mêmes pêcher ces poissons ? La belle idée ! Comment expliquer à un pêcheur thaïlandais qu'on veut lui emprunter sa pirogue pour une semaine ? Nos compétences en mime éprouvent leurs limites. Par chance, une âme charitable nous conduit dans l'auberge que tient Gynthka, un petit bout de femme qui parle anglais. « *You are crazy, but I like crazy people, so I will help you* [1] », finit-elle par lâcher, voyant qu'elle ne parviendra pas à nous dissuader de partir sur la rivière.

[1] « Vous êtes fous, mais j'aime les gens fous, donc je vais vous aider », en anglais.

Au petit port de la ville, Gynthka assiste au chargement de la pirogue et nous souhaite bonne chance avant que nous partions vers le nord sur la Kra Buri.

Le lendemain matin, nous embarquons dans notre pirogue sous les applaudissements de quelques badauds.

C'est une belle embarcation en bois d'environ 8 mètres de longueur. Sa largeur lui confère une bonne stabilité, et elle ne devrait pas se renverser. Nous ne traversons pas d'océan, mais nous avons pris des vivres pour tenir quelques jours en autonomie complète : un régime de bananes, de la pâte d'amande et du pain. Des petites crevettes, placées dans une glacière, serviront d'appât pour la pêche. Nous avons décidé d'aller vers le nord, là où la rivière se rétrécit. D'après Gynthka, il y a quelques villages sur la rive thaïlandaise, mais ses explications restent assez confuses. Quant aux bêtes sauvages, pas de crocodiles dans les eaux brunes mais quelques serpents et une multitude de poissons. Une seule consigne à bien garder en tête : ne pas poser le pied sur la rive birmane, car sans papiers en règle, nous pourrions avoir de gros soucis...

Les premiers coups de pagaie sont un enchantement car ils créent une légère brise très agréable. La coupole dorée d'un temple birman a beau nous narguer, nous resterons côté thaïlandais. Les premières heures s'écoulent, la rivière est calme, les collines boisées qui la bordent sont douces. Un drôle de pêcheur agite son bras ; coiffé d'un casque de chantier en plastique, il pêche avec cinq cannes. Notre matériel ne risque pas d'impressionner grand monde ici, à la différence de l'Afrique ou de l'Inde où les moulinets étaient rarissimes. « *Sawat di khrap! Sabaidi mai*[2]? » Le vieil homme nous offre des petits poissons comme appâts pour en attraper de plus gros. En retour, nous lui donnons quelques-unes de nos crevettes. Une poignée de main plus tard, la remontée vers le nord continue.

Le soleil est au zénith quand apparaissent quelques maisons sur pilotis.

Des enfants qui jouent sur le ponton nous disent d'accoster. Nuk-Nuk, un jeune homme corpulent, nous emmène dans sa maison au toit de tôle et nous sert de l'eau fraîche et du café. Nous dansons sur *Gangnam Style,* cette chanson coréenne qui a fait le tour du monde. Fous rires pour toute la famille !

À mesure que Mamu, le village de Nuk-Nuk, s'éloigne, la rivière devient plus étroite, ce qui permet de multiplier les rencontres avec des pêcheurs. La nuit approche et nous ne savons toujours pas où nous allons dormir. Guillaume grimpe sur la berge boueuse après avoir aperçu une petite maison. Quelques minutes passent et il attend, entouré de chiens qui grognent. Soudain, une vieille femme rabougrie surgit d'un fourré et vocifère des mots inconnus en faisant de grands gestes avec les bras. La retraite est peu glorieuse. Gilles a plus de chance un peu plus tard.

Ci-dessus, le courant étant trop fort pour ramer, il faut tirer la pirogue à pied.
À droite, Nuk-Nuk et son père nous montrent leur piège à crabes.

[2] « Bonjour ! Comment ça va ? » en thaï.

Quatre jeunes Thaïlandais prennent
la pose au milieu de la rivière Kra Buri
avec notre canne à pêche.

Guillaume remonte son premier poisson-chat.

Le poisson-chat

Quoi de plus banal qu'un poisson-chat ?

On trouve ces poissons à la tête aplatie, aux petits yeux et munis de barbillons aux quatre coins de la planète. Ils pullulent dans la rivière Kra Buri, au point que les cuisinières du marché local ont imaginé mille manières de les préparer : dans la soupe, en sauce avec du riz ou encore en friture. Mais personne ne le cuisine aussi bien que Gynthka !

Nun, une mère de famille, nous offre un repas copieux à base de riz et de poisson, et installe un campement de fortune dans son salon.
Les grands-parents et plusieurs amis de la famille sont appelés pour nous rencontrer ; nous communiquons à l'aide d'un livre d'images pour enfants !
Nun nous réveille au petit matin avec un bol de riz et du poisson bigrement épicé.

Toute la famille nous accompagne jusqu'à notre embarcation et nous suit du regard un long moment, avec beaucoup de solennité.

Nous aurions aimé rester un peu plus longtemps chez nos hôtes, mais la curiosité est trop forte : nous voulons continuer l'exploration de la rivière. Après quelques heures de navigation, une pirogue à moteur ralentit à notre approche ; sans un mot, un homme nous lance une corde et nous voilà partis pour quelques minutes d'un repos salutaire alors qu'il fait route vers le nord. Il s'arrête devant un village birman en nous faisant comprendre qu'il ne faut pas continuer plus loin.
Ah oui, nous oublions le plus important ! Ce matin, on a attrapé notre premier poisson, un poisson-chat d'environ 40 centimètres attiré par une de nos crevettes qui commencent à ne plus être très fraîches...
Nous l'avons offert à l'homme qui a remorqué notre pirogue. Avant de pêcher avec des gamins qui se baignaient. Ils sont doués, ces jeunes ! En moins de dix minutes, ils maîtrisaient la technique du lancer.

Tous les soirs, Lu et ses amis
se retrouvent sous le même arbre,
au bord de la Kra Buri.

En fin d'après-midi, nous arrivons au village de Hatchik.

L'accueil est chaleureux. Nous passons la soirée, avec Lu et ses amis, à manger des petits poissons séchés et à boire des bières. Lu, le pêcheur, est fasciné par notre matériel : il a fouillé dans nos sacs pendant un long moment pour étudier nos leurres en plastique ! Plusieurs fois, il appelle sa fille au téléphone car elle parle un peu anglais et traduit ce que dit Gilles. La situation est embarrassante, car une foule se masse autour de lui pour essayer d'entendre la discussion ; rien de bien répréhensible, vous savez ! Le sujet des Birmans revient dans toutes les bouches. Nos amis thaïs les dépeignent comme mauvais et voleurs, alors même que plusieurs Birmans sont présents dans les parages. Tandis que la rivière en contrebas glisse dans l'obscurité, Lu nous prend par le bras. Nous protestons un peu avant de pénétrer dans une cuisine où une montagne de riz, des nouilles, du porc en sauce et du poisson grillé ont été préparés à notre intention. Quelle générosité !

Après ce copieux dîner, nous installons notre campement sur la plate-forme en bambou, celle qui est juste au-dessus des bateaux. C'est à cet endroit que les trois policiers lourdement armés nous tirent de notre sommeil quelques heures plus tard, un peu brutalement !

Voilà, vous savez tout de notre périple sur la rivière Kra Buri, messieurs les agents.

Charoen, le père de Gynthka, qui ressemble à un jeune homme malgré ses quatre-vingts ans, nous prend par la main et nous montre un à un les cadres accrochés partout sur les murs de la maisonnette. Chaque photographie du patriarche mérite de longues explications, même s'il sait pertinemment que nous ne comprenons rien ! Puis le vieil homme gambade vers une petite pièce close ; il écarte des rideaux bleus en soie, qui laissent échapper une fumée d'encens. Toute la famille est là ! Les portraits des aïeux sont préservés précieusement, entourés d'objets sacrés en or ou en bois. Nous sommes un peu intimidés par cette rencontre inattendue. Charoen bredouille une courte prière dans laquelle nous devinons nos prénoms. Allez, on les laisse tranquilles, on ferme les rideaux et… « *Guillaume et les garçons, à table !* »

Poisson-chat sauce Gynthka

Nous sommes presque revenus au point de départ ! Plus que quelques coups de pagaie et… le fil se tend ! Nous avions oublié que notre ligne était à l'eau. Le village de Kra Buri est en vue mais la rivière semble vouloir nous garder encore un peu. Sans surprise, c'est un poisson-chat, de plus de 50 centimètres. Cette fois, c'est terminé, nous attachons la pirogue au poteau d'amarrage, déchargeons nos sacs et notre poisson. Gynthka accourt sur le ponton, si vite qu'elle manque de trébucher :

« Je vous ai vus attraper ce poisson ! Décidément, les garçons, vous me faites rire ! Allez, vous êtes mes invités ! Ouvrez grand vos oreilles et vos narines, je vais vous montrer comment faire un poisson-chat frit, sauce maison !

On commence par la sauce.

- Un oignon ! Je le broie dans la casserole et mélange la pâte obtenue avec :
- 50 g de poivre noir,
- 100 g de curry. Je mélange le tout avec la spatule (c'est un cadeau de ma grand-mère !) et j'ajoute sans m'arrêter deux cuillerées d'huile. Passez-moi ce pot, c'est presque fini ;
- 2 bonnes cuillerées de crème de crevettes séchées et, le plus important,
- 3 ou 4 (pas plus, hein !) feuilles de citronnelle.
- on chauffe le tout quelques minutes à feu doux dans du lait de coco.

Ma sauce curry est prête, sentez-moi ça ! Attention ça pique ! »

Elle n'exagérait pas, nos intestins vont souffrir !

« Allez, occupons-nous du poisson ! Une fois vidé, je le coupe en une quinzaine de morceaux pour faire de belles tranches que je tartine avec du gros sel. Vous irez rincer tout ça dans 5 minutes sous l'eau du robinet dans la cour. Je cuis la moitié des tranches de poisson dans la sauce et je fais frire à la poêle l'autre moitié, ça nous fera un apéritif à croquer. On attend 20 minutes, pas plus. Quartier libre, les enfants ! »

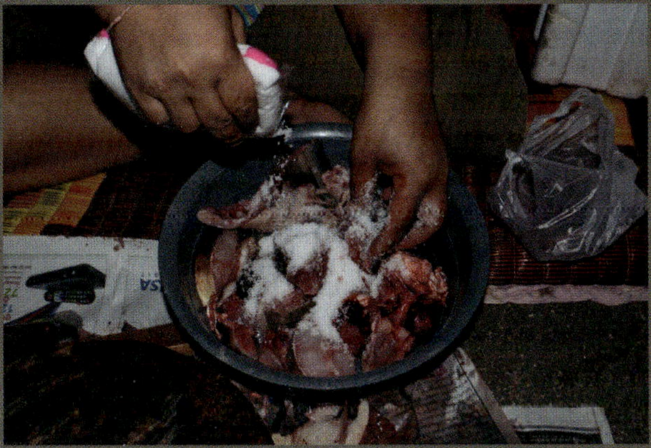

Transport scolaire au petit matin.

Le sud de la rivière Kra Buri

Il est sept heures à l'embarcadère. Deux pirogues transportent des écoliers birmans entre leur village et l'école de Kra Buri. La brume est très épaisse, et il n'y a pas un souffle de vent sur l'eau. Le bateau trace un sillon comme dans du lait tandis que la rivière se fait estuaire. Plusieurs bras du cours d'eau permettent de s'enfoncer au cœur de la mangrove ; là, les rayons du soleil percent difficilement l'épaisse couverture végétale et la fraîcheur est agréable. Des casiers à crabes sont disposés dans ces étroits passages ; nous en relevons quelques-uns, tous vides. Notre rythme s'est ralenti, comme si nous commencions à faire corps avec la rivière et son lent débit. Nous croisons peu de pêcheurs tant l'estuaire est large. Soudain, un cri transperce l'air moite de l'après-midi : des pêcheurs s'agitent au loin sur une pirogue. Revigorés par cet événement qui vient rompre la monotonie de la journée, nous mettons les bouchées doubles pour les rejoindre. Deux hommes et une femme plongent dans le fond du fleuve pour attraper poissons et grosses crevettes. Ils disposent d'un petit compresseur et d'un simple tuyau qui les approvisionnent en oxygène. Armés d'un trident, ils remontent principalement des poissons-chats. Nous essayons de les suivre au fond mais la visibilité est très mauvaise. Comment font-ils pour harponner leurs proies dans ces conditions ? Un des hommes nous explique qu'ils repèrent les poissons en tâtant le lit de la rivière avec les mains. La pêche a été plutôt fructueuse pour eux, et ils nous font photographier leurs prises avec une fierté non dissimulée. Nous ne tenons pas la comparaison avec nos petits poissons d'une quinzaine de centimètres attrapés plus tôt ce matin !

En fin d'après-midi, une maison apparaît au milieu de la rivière. Est-ce le soleil qui nous donne la berlue ? Après quelques minutes à souquer ferme, nous réalisons qu'il ne s'agissait pas d'une hallucination de nos esprits échauffés. Près de la maison, plusieurs embarcations d'où l'on jette des cailloux à l'eau. Il s'agit, en réalité, de palourdes. Un homme en vide un plein seau dans notre pirogue en souriant. « *Maak, maak*[2] », lâche Gilles avant qu'il ne nous ensevelisse sous les bivalves. En échange, nous lui proposons un de nos leurres en plastique dur. Les minutes qui suivent sont irréelles. Nous échangeons à peine quelques mots et pourtant les rires fusent. Et on se serre la main comme de vieux amis.

[2] « C'est beaucoup », en thaï.

Les ouvriers nous mènent jusqu'à la mystérieuse maison flottante. Là se trouve leur patron, un entrepreneur thaïlandais qui investit dans l'élevage de palourdes. Ce dernier nous raconte sans vergogne comment il a corrompu les chefs du village birman voisin pour faire taire toute opposition à son projet. « *Myanmar, cheap labor, very cheap*[3] », nous confie-t-il avec un clin d'œil entendu. Il possède de nombreuses exploitations comme celle-ci dans tout le pays et exporte ses fruits de mer en conserve jusqu'aux États-Unis. Il nous propose de passer la nuit sur la maison. À dix-huit heures, alors que le soleil se couche, nous sommes seuls sur la plate-forme. Nomadon, un ouvrier thaïlandais, nous promet qu'il va revenir avec des vivres : « *kin, kin*[4] », dit-il en se frottant le ventre. De longues heures s'écoulent dans un silence absolu et nous commençons à douter de sa parole. Nous pêchons une multitude de petits poissons pour tuer le temps, sous une voûte étoilée incandescente.

« Nomadon, Nomadon, Nomadon ! »

Nous scandons le nom de notre sauveur qui arrive les bras chargés de victuailles ! Nous dévorons le riz, les œufs et l'ananas apportés par notre bienveillant compagnon. Ce dernier avale sa nourriture avec une très grande sérénité, sans dire un mot. Ses nombreux tatouages et le bouddha qu'il porte en pendentif nous intimident quelque peu. À la faible lueur de la bougie, il devient dans nos esprits fatigués une vénérable statue de cuivre. Et si Nomadon était un grand sage, un éveillé ? Quel karma il doit avoir ! Gênés par tant de générosité, nous lui proposons un peu d'argent qu'il refuse malgré notre insistance. « *Thaï good, Thaï good*[5] », répète-t-il avec douceur en posant la main sur son cœur, avant d'installer sa couche sur la terrasse de la maison flottante. Dix minutes plus tard, le bon Nomadon ronfle comme un régiment.

Nomadon, le cœur sur la main.

[3] « En Birmanie, main-d'œuvre bon marché, très bon marché », en anglais.
[4] « Manger, manger », en thaï.
[5] « Les Thaïs sont bons, les Thaïs sont bons », en anglais.

Matériel requis : un compresseur à oxygène, un tuyau et un trident.

Kape est un pêcheur-plongeur de la rivière Kra Buri. L'eau est si boueuse aujourd'hui qu'il doit pêcher au « toucher ».

Ci-dessus, la maison flottante.
Ci-dessous, corbicula fluminea.

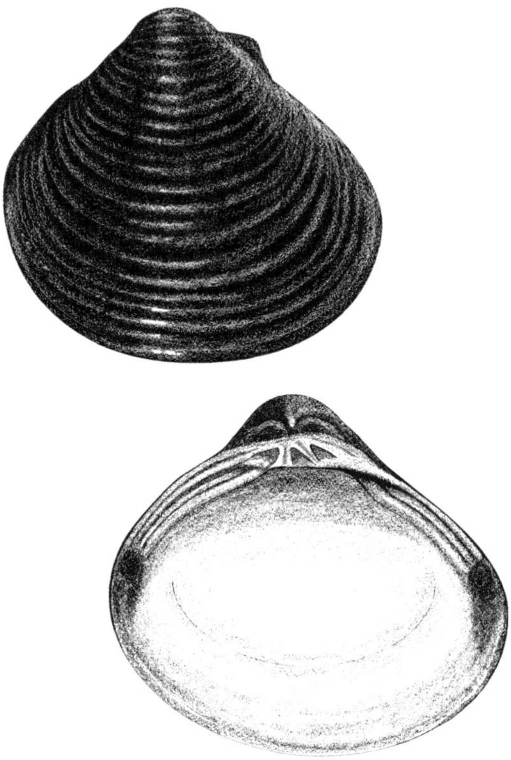

Un élevage de palourdes sur la rivière Kra Buri.

Parc à palourdes.

Petit homme de la Kra Buri

– Tot !

– Tot ?

– Tot, Tot, Tot !

C'est à peu près le seul échange verbal que nous ayons eu avec… appelons-le Tot.

Sur les rives de la Kra Buri, un petit homme agite une main molle qui nous demande d'accoster. Nous mouillons le bateau dans un parc de bambous flottants et approchons de ce bonhomme qui reste immobile, les mains sur les hanches, les pieds enracinés dans le sol.
Tot. 1,60 mètre, pas plus. Son visage rabougri est abrité sous un chapeau de colon. Sa peau est ridée et basanée. Quelques cheveux gris et une moustache clairsemée. Un seul bouton à sa chemise blanche (presque propre), guère plus de dents à son sourire. Un short élimé qui dévoile des genoux fragiles et des pieds minuscules qui ont l'air d'avoir mal supporté les quelque cinquante années du petit homme. Que fait ce brave monsieur dans un méandre de la rivière, si loin de toute habitation ?

Sans un bruit, Tot déracine ses pieds et se dirige vers une vieille case au toit de feuilles séchées. Il en sort un long bâton de bambou au bout duquel pendent un fil de nylon et un hameçon rouillé. Un pêcheur ! Il nous confie sa canne, attrape une courte machette, crapahute vers un arbre fruitier imposant et grimpe avec une étonnante agilité, de ses mains et pieds nus et cornus, en haut de la plus grosse branche. Chlak !
Un fruit juteux nous tombe dans les mains.
Un pêcheur-cueilleur, alors ?
Il troque la machette contre une pagaie adossée au tronc du fruitier. D'un geste rapide, son bras nous dit : « *Suivez-moi !* » Le petit homme voûté monte sur notre pirogue. Où donc veut-il nous emmener ? Nous pagayons un moment dans un silence de plomb jusqu'à ce que sa petite main chuchote : « *Stop, tout le monde descend !* » Facile à dire quand on est aussi court et agile que Tot ; les bords sont si boueux et glissants que la chute est inévitable. La main nous demande de nous taire et d'avancer en silence.

Tot écarte un épais rideau de feuilles de bananier… pour nous faire découvrir un énorme fessier couvert de boue ! Le monstre, qui possède des cornes à l'horizontale aussi grandes que Tot, se retourne avec nonchalance. Un buffle ! Le maître s'approche de la bête et semble lui murmurer un « bonjour mon gros » tout en grattant ses petites oreilles qui s'agitent. Après une séance de soins et même un bain dans la Kra Buri, le buffle retourne paître paisiblement. Le pêcheur-cueilleur-éleveur reste planté au milieu du champ d'herbes grasses, tandis que son visage radieux se plie en mille rides.

Tot, le pêcheur-cueilleur-éleveur
et son buffle.

L'épineux sujet des clandestins birmans

Ranong est situé précisément à l'embouchure de la rivière Kra Buri, dont les eaux brunes viennent se mêler à la mer d'Andaman, haut lieu de pêche. À quelques kilomètres de la ville, un imposant port héberge des dizaines de chalutiers. Loin des *resorts* [6] semés sur les paradisiaques îles thaïlandaises, le port de Ranong est tout sauf accueillant : machines dangereuses, bruit infernal, travailleurs qui fourmillent entre les entrepôts et nous jettent des regards obliques.

Un chalutier s'apprête à prendre la mer. Des hommes s'activent à recoudre des filets et à charger des centaines de tonneaux en plastique, probablement pour stocker le poisson. Parmi eux, un jeune homme (sensiblement du même âge que nous), aux longs cheveux bruns, arrête son travail pour mieux nous épier. « *Sawat di khrap!* » Un sourire timide et un hochement de tête nous répondent. L'atmosphère se détend et les sourires se font plus nombreux lorsque nous déballons notre matériel de pêche. La communication est presque impossible mais nous parvenons tout de même à obtenir quelques informations : le garçon s'appelle Arun et il est birman, tout comme ses amis derrière lui qui ont arrêté de travailler pour nous observer.

La Thaïlande est le premier exportateur mondial de crevettes et le troisième de poisson et autres produits de la mer. Un pays stable, en plein essor économique, qui attire les populations démunies des pays voisins. Pour les industries thaïlandaises en manque de main-d'œuvre bon marché, les immigrés cambodgiens et birmans sont une aubaine d'autant que la précarité extrême de ces ouvriers est sans doute parfois préférable à la situation que leur pays natal leur réserve.

Ce soir, l'embarcation prend le large pour trois mois. Trois mois ?... Nous sommes pris d'un doute affreux : et si ces travailleurs faisaient partie des milliers d'esclaves à la merci des capitaines de bateau thaïlandais ? L'histoire de cet esclavagisme des temps modernes n'est pas glorieuse, et elle perdure depuis des décennies malgré les avertissements de nombreuses ONG et de la presse internationale.

[6] Complexes touristiques.

À gauche, l'embarcation s'apprête à prendre le large pour plusieurs mois. Ci-dessus, un ouvrier-pêcheur birman. À droite, Arun.

Arun et ses amis sont-ils des clandestins ? Des esclaves ? Difficile à croire. Pourtant une question nous hantera à chaque fois que nous partirons en mer : Arun est-il rentré à bon port ?

Des étoiles plein les yeux, les migrants quittent la Birmanie qui s'extrait péniblement d'un demi-siècle de régimes militaires et autarciques. Ils rejoignent la Thaïlande, terre promise, où la pêche fournit du travail à coup sûr, paraît-il. Avec l'aide d'un courtier qu'ils payent cher, certains sont conduits dans les usines de transformation du poisson, d'autres sont présentés à un capitaine de bateau hauturier et vendus pour quelques centaines d'euros. En situation irrégulière, les clandestins ne peuvent rebrousser chemin, de crainte d'être dénoncés aux autorités. Ils prennent parfois le large pendant plusieurs mois, voire toute une année, ravitaillés par des bateaux-mères. Sous la menace de la torture et de la mort, ils sont exploités sans jamais recevoir les 300 bahts[7] promis pour chaque journée travaillée. En rentrant au port, ils pourront à nouveau être vendus à d'autres capitaines. Des autorités laxistes et de généreux pots-de-vin pour les policiers entretiennent l'infamie.

[7] 7 euros

ASIE / Indonésie / population : 250 millions • 17 000 îles • 50 000 kilomètres de côtes • 37 % des espèces de poissons de la planète • 30 % des coraux du monde • 50 millions de personnes dépendantes de la pêche et l'aquaculture.

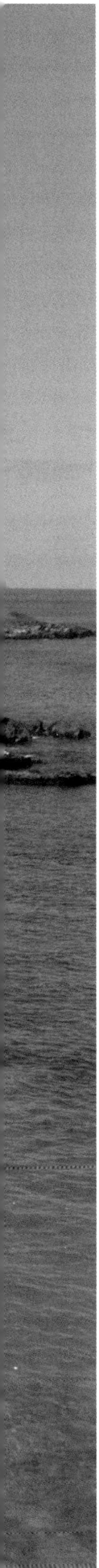

INDONÉSIE

Les rives boueuses et les poissons-chats de la rivière Kra Buri, en Thaïlande, sont déjà loin. Bienvenue dans le monde des danseuses balinaises, des surfeurs métissés, du parfum enivrant des colliers de fleurs de frangipanier : l'Indonésie. Comment parcourir cette multitude d'îles sans rien manquer du spectacle ? Cinq cents montagnes de feu, des techniques de pêche diverses et des traditions anciennes gardées par des peuples isolés. Chaque îlot mériterait que nous y posions notre matériel de pêche et notre curiosité. Sur la route du village des chasseurs de baleines, nous gardons le cap à l'est. Nous faisons quelques haltes pleines de surprises chez des pêcheurs qui exercent leur métier dans l'un des points chauds de la biodiversité mondiale. De la traque des crevettes au cure-dents à la chasse au cachalot avec un harpon tranchant, de Sumbawa à Flores, sans oublier les montagnes vertes du Timor : « *Indonesia bagus* », « l'Indonésie est belle », répètent inlassablement les pêcheurs patriotes.

Pulau Bungin

Pulau Bungin est l'une des îles les plus densément peuplées du monde [1]. Située à faible distance de la grande île de Sumbawa, elle est habitée par des Bugis, une ethnie originaire de Sulawesi qui y aurait migré il y a quelques centaines d'années. Ici, pas un brin d'herbe ne pousse car le village est construit sur des coraux morts : les chèvres errantes n'ont plus qu'à se nourrir de carton et autres déchets. Mais pourquoi donc les Bugis s'entassent-ils sur un îlot stérile ? Quelques minutes après notre arrivée sur l'île, un attroupement de jeunes se forme autour de nous. Tison se fraie un chemin et nous dit dans un anglais très courtois : « *Bienvenue à Bungin, mes chers amis. Nos chefs veulent s'entretenir avec vous.* » Et voilà que nous suivons le jeune homme à travers un dédale de ruelles poussiéreuses. Tempête sous nos crânes : que doit-on dire à un chef de village indonésien ? Et si l'on commettait un impair ?

Le cortège s'arrête devant une maison sur pilotis un peu plus grande et décorée que les autres. Tison nous fait signe de monter l'escalier qui est raide comme celui d'un échafaud. Assis sur une natte, quatre hommes d'un âge vénérable sont posés face à nous. Le cœur palpitant, nous nous asseyons en tailleur, sans oser regarder nos interlocuteurs dans les yeux. Deux *kopi* [2] nous sont servis, ainsi que des petites galettes de riz sucrées. Tison s'entretient un long moment avec celui qui semble être le chef avant de nous dire qu'il servira d'interprète pour la discussion.

Le chef parle avec solennité, comme si nous étions d'importants dignitaires étrangers.
– *Nous sommes honorés de votre visite, Guillaume et Gilles, et vous pouvez demeurer à Pulau Bungin aussi longtemps que vous le souhaiterez. Mais nous aimerions tous en savoir un peu plus sur les raisons*

[1] D'après nos calculs, environ 14 000 hab./km².

[2] « Café », en indonésien.

À droite, point « pêche » avec
les enfants sur le ponton de Bungin.

de votre visite. Tison me parle d'une étude scientifique sur la pêche, est-ce bien cela ?

L'assemblée respire la bienveillance et nous reprenons peu à peu nos esprits.
– Nous vous remercions pour votre accueil. Nous nous intéressons aux techniques de la pêche traditionnelle, dans le but de faire un reportage pour la presse française et, pourquoi pas, écrire un livre. Bungin est un lieu de pêche important, très attaché à sa culture et à ses traditions. Voilà pourquoi nous sommes ici aujourd'hui.
– Vous dormirez dans mon bureau, mes amis. Nous ferons en sorte de vous faciliter les choses pour que vous repartiez de notre île avec beaucoup d'éléments pour votre étude. Et maintenant, mangez de ces bonnes galettes de riz, que vous ne disiez pas qu'on meurt de faim à Bungin !

Quelques parties d'échecs plus tard, nous faisons partie du décor de carte postale de l'île.

Tison

Son père était un grand admirateur du boxeur légendaire, paraît-il. Sans Tison, les choses se seraient certainement déroulées autrement à Bungin. Pourquoi ? De tous les habitants de la minuscule île, il est celui qui aspire le plus à partager sa culture bugi. Il est aussi le seul à bien parler anglais. Tison a su, à la force de son poignet, s'extraire de la voie tracée qui conduit l'écrasante majorité des jeunes Bugis à devenir pêcheurs. Avec son niveau d'éducation, il aurait pu trouver un emploi confortable à Jakarta ou à Bali ; mais non, l'attachement à son île était plus fort. D'un côté, il s'accroche aux traditions de ses aïeux ; de l'autre, il s'engage fermement pour œuvrer au développement de l'île. Il travaille un jour par semaine pour le gouvernement (le chef du village lui consacre un petit bureau à ses côtés), afin de mettre en place des programmes de soutien à la population de Pulau Bungin. Son ambition : se présenter aux prochaines élections législatives.

Ça ne fait aucun doute, ici, tout le monde votera pour lui !

Pêcheur de Pulau Bungin
sur sa pirogue à balancier.

Tison est également un fervent militant écologiste. En feuilletant son livre de biologie, il lui est venu une idée pour restaurer la barrière de corail qui entoure Bungin : le bouturage de fragments coralliens sur des coquilles de noix de coco ou des canettes de Coca-Cola. Quand il parle de la barrière détruite par les anciens, il n'est pas irrité. « *Ils ne pouvaient pas savoir,* nous confie-t-il en haussant les épaules. *Il faut juste donner un coup de pouce aux coraux.* » Régulièrement, il transmet la technique aux plus jeunes.

Tison nous parle aussi de la malédiction des accidents de plongée. Ces hommes condamnés à l'oisiveté (car privés d'une jambe ou d'un bras), nous les croisons à tous les coins de rue. Entassés sur de petites embarcations équipées de compresseurs, les plongeurs armés de fusils-harpons et de torches descendent à plus de 50 mètres, car c'est là que se trouvent les plus beaux spécimens : des poulpes, des bancs de thons ou des langoustes. Un matériel vétuste et une méconnaissance des règles de sécurité font que les drames sont fréquents ; trois pêcheurs ont ainsi perdu la vie au cours des cinq dernières années. Malgré le danger, les hommes de Bungin continuent de prendre la mer chaque nuit. « *Il n'y a pas d'autre activité ici, et il faut bien vivre,* confesse Tison avec amertume. *La pêche, c'est notre vie* », ajoute-t-il alors que nous suivons des gamins trappeurs de la mer qui posent des pièges à langoustes et harponnent de grosses crevettes avec un élastique et des cure-dents allongés. Dans quelques années, s'ils n'émigrent pas dans les grandes villes de Java ou de Bali à la recherche d'un avenir meilleur, ils iront grossir les rangs des équipages de plongeurs.

L'écotourisme à Bungin

Un soir, alors que nous fumons des *kretek*, ces cigarettes indonésiennes parfumées au clou de girofle, Hafid, un chef de quartier, vient nous trouver. Il nous embarque dans sa pirogue à balancier. Un filet à mailles fines est déroulé sur une centaine de mètres ; à chacune de ses extrémités, une petite lanterne flotte. Des lests tendent le filet jusqu'à la mer, à une dizaine de mètres de profondeur. Le pêcheur nous explique qu'il connaît bien l'endroit et que les thons sont nombreux à y passer. Nous attendons dans la nuit, ballottés par la houle ; les étoiles filantes zèbrent le ciel et Hafid sourit. Nous formulons le vœu que sous l'eau, les thons se prennent en masse dans le piège mortel. La frontière entre rêve et réalité se brouille : les lumières des lanternes sont comme de grosses lucioles et il nous semble qu'il y a tout un village de bateaux autour de nous alors que nous sommes bien seuls. D'un grognement, Hafid nous tire de notre sommeil. Il n'a pas dû fermer l'œil de la nuit, le bougre. Il a perdu sa bonne humeur, marmonne quelques mots dont le sens nous échappe, et donne un coup sur l'épaule de Gilles, comme pour signifier : « *Bougez-vous, les gars, je ne vous ai pas emmenés sur mon bateau pour que vous me regardiez faire !* » Gilles remonte le filet, à un rythme trop tranquille qui fait soupirer Hafid. Qu'il est lourd ce filet ! Le poisson, lui, est très léger : deux misérables bonites, et rien de plus. Où est passée notre bonne étoile ? Le retour à Bungin se fait en silence. Le capitaine nous invite chez lui : nous acceptons ses galettes de riz et son café, tout en espérant ne priver personne. Nos mains tremblantes étreignent les tasses chaudes, l'arôme du café est d'un grand réconfort. Après de longues minutes à ruminer la triste pêche de la nuit, Hafid brise le silence. Son anglais est confus, mais Tison le met à l'aise et lui explique qu'il traduira toutes les questions qu'il souhaite nous poser.

– Voilà, vous savez… Les temps sont durs pour la pêche. Vous avez vu ? Deux poissons cette nuit ! Nous cherchons tous des alternatives pour arrondir les fins de mois. Les touristes sont une opportunité pour nous. Certains passent quelques heures sur l'île et rient en voyant nos chèvres se nourrir de carton, mais ça, on s'en moque. À vous voir ici plusieurs jours, on se dit qu'il y a de l'espoir. J'aimerais avoir votre avis, votre œil d'étranger… Vous croyez que d'autres touristes pourraient venir ici ?

– Bien sûr ! Ton île est unique, avec ses maisons sur pilotis entassées sur des coraux morts depuis quatre siècles. Et puis, il y a votre excellent accueil, vos techniques de pêche, vos traditions…

– Bali n'est qu'à un jour de bus et de bateau. Peut-être qu'en construisant un hôtel avec vingt chambres…

À gauche, aux premiers rayons du soleil, Hafid remonte le filet. Ci-dessus, deux prises bien ridicules…

– Ou peut-être pas… En France, depuis quelques années, certains touristes décident de voyager au contact des populations locales, sans se préoccuper du confort ; ils cherchent à comprendre leur mode de vie tout en respectant leur environnement. On appelle ça l'« écotourisme ». Il te suffit d'aménager une pièce chez toi pour que les voyageurs puissent y dormir.

Un rideau, un lit, des toilettes, un réservoir d'eau sur le toit et le tour est joué !

– Et la journée ? J'en fais quoi des touristes ?
– Comme avec nous ! Ils peuvent t'accompagner pêcher et tu leur fais goûter tes galettes de riz. S'ils sont gentils, tu leur prépares un carpaccio de thon !

Hafid n'en perd pas une miette. Il écoute avec grande attention.

Puis, il laisse échapper un rire nerveux :
– Il faut que je raconte ça à tout le monde ! S'il vous plaît, venez avec moi en parler au chef, il doit vous entendre.

Avis à ceux qui ont soif d'aventure et d'authenticité : prenez le premier bateau pour Poto Tano sur l'île de Sumbawa, grimpez sur le toit d'un bus pour Alas, courez vers Pulau Bungin et frappez à la porte de Hafid. Il vous servira peut-être un carpaccio de thon…

Pipiu et football

Une nuit, Tison nous conduit au cœur du village, endossant encore une fois son rôle de guide. Quatre hommes âgés s'adonnent à la musique. Trois instruments à cordes et surtout cette flûte. Le vieillard qui en jouait interrompt son solo et la passe à Guillaume comme s'il faisait tourner un calumet. Tison raconte l'histoire de la relique : « *C'est un* pipiu. *Il a plus de deux cents ans, et a été transmis de génération en génération. Personne n'a réussi à en construire un avec ce même son, si singulier.* » Les vieux attentent une démonstration, Guillaume porte le bec à ses lèvres et joue *J'ai du bon tabac*. Rires et applaudissements saluent le premier étranger à jouer du *pipiu*. Tison nous lance un regard reconnaissant.

« Les traditions ne sont pas seulement perpétuées par les vieux ! Le football, ça, c'est notre tradition, à nous les jeunes, et il est hors de question que je manque un match ! »

Tison et ses acolytes préférés, Dani, Mohamad et Sugeng, nous sollicitent pour intégrer leur équipe et s'assurer que la réputation des Européens est à la hauteur. Une partie du village assiste au match, grosse pression sur nos épaules ! Nos surnoms à l'issue de la première rencontre sur le terrain poussiéreux : Messi et Benzema. Nous voilà rassurés.

Vieux pêcheur à la ligne de l'île de Sumbawa.

L'île généreuse

« *Mister Gilles, Mister Guillaume !* » crient des gamins devant notre porte. Nous sortons dans la rue, les paupières encore lourdes de sommeil. Le village entier est en liesse : c'est jour de mariage ! Voilà pourquoi nous avions tant de mal à trouver des pêcheurs qui partaient en mer hier. Poussés par la foule, nous arrivons jusqu'à la maison des mariés où l'on nous sert une assiette de *nasi campur*[3]. Muhammad encourage Gilles à danser avec une jeune femme. Sous les applaudissements de la foule, il tente de lui enseigner des pas de rock. Succès mitigé mais tout le monde rit. Le soir, l'ambiance se réchauffe encore un peu et nos amis Bugis frappent dans leurs mains pour rythmer notre *We Will Rock You,* interprété a cappella !

C'est notre dernière soirée à Bungin, et le chef souhaite s'entretenir avec nous à l'écart de la fête et de son agitation. Nous sentons que c'est le bon moment pour poser la question qui nous taraude depuis notre arrivée : pourquoi les Bugis s'entassent-ils donc sur un îlot stérile ?

« *Ah, les étrangers posent toujours cette question ! C'est l'île de nos ancêtres, voilà tout. Et puis la pêche est plutôt bonne par ici ; la mer est généreuse malgré tout, donc nous n'avons aucune raison de partir.* »

L'isolement de Pulau Bungin a permis aux Bugis de préserver leur culture, leurs traditions, face à la grande île de Sumbawa. La force de cette communauté et la fierté de son peuple tiennent pour beaucoup à cette insularité. Et insularité rime ici avec générosité.

Le lendemain, jour du départ, nous convions les dignitaires du village à un déjeuner, assis sur le sol de la salle commune, pour les remercier de nous avoir ouvert les bras. Jusqu'au dernier moment, Tison joue parfaitement son rôle d'interprète, traduit les discours du chef et transmet notre reconnaissance. Impassible durant toute la semaine, il ne cache pas sa tristesse de nous voir quitter le sol bugi. Les yeux rougis, il est songeur et parle avec la main sur le cœur. Comme dans une check-list avant un décollage d'avion, il enchaîne, affolé, une série de questions formulées de manière à s'assurer que chaque réponse sera positive.

« *Ai-je bien répondu à toutes vos questions ? Avez-vous saisi nos techniques de pêche ? Croyez-vous que développer Bungin sans compromettre notre tradition soit possible ? Vous êtes-vous amusés ? Avez-vous dit au revoir à notre chef ?* »

Tout est OK. Nous enfourchons les motos. Décollage immédiat. Une flopée de gamins courent derrière nos deux-roues en criant « *Mister! Mister!* » Tison, en retrait, lève une main victorieuse.

[3] Plat de riz accompagné de viande et de légumes.

Trombinoscope de Bungin

Mohammad Yussuf

Quarante-deux ans, boute-en-train et joueur de mandoline hors pair.

Agus

Vingt-trois ans, n° 10 de l'équipe de football de Pulau Bungin et grand pêcheur au cure-dents.

Dani

Vingt ans, champion du salto arrière et futur rival de Patrick Bruel.

Arif

Quarante-cinq ans, pêcheur à la traîne et fieffé menteur qui ne quitte jamais son chapeau chinois.

Rhizka

La quarantaine, cuisinière renommée. Sa spécialité : le poisson frit.

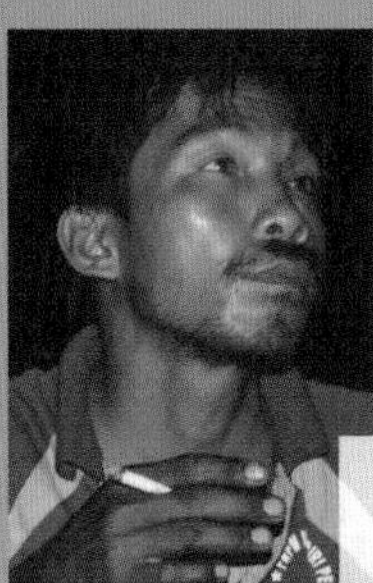

Hafid

Trente-cinq ans, pêcheur nocturne au filet et un projet d'écotourisme en tête.

Vera

Trois ans, rêve de devenir pêcheuse de requin.

Edi

Trente ans, plongeur apnéiste de nuit, plus à l'aise sous l'eau que sur terre.

À bord de l'*Aries*, après trente minutes de bataille.

« Bonjour, je m'appelle Pae Nope, et je suis le prince de Soe. Je règne sur une grande région du Timor occidental. » Nous inclinons légèrement le buste pour saluer Son Altesse.
Le prince nous conduit dans sa jeep bringuebalante à la rencontre de ses sujets, dans la montagne humide et luxuriante du Timor. À None, il nous présente d'anciens mangeurs d'hommes. Difficile d'imaginer que cinquante ans plus tôt, ces individus de l'ethnie Dawan menaient des expéditions anthropophages contre les villages voisins : aujourd'hui, ils cultivent paisiblement du maïs, qu'ils font sécher dans des huttes de paille. Pae Nope a du sang portugais et insiste pour que nous jetions des pétales de fleurs sur les tombes de ses aïeux venus au Timor pour exploiter le bois de santal et l'indigo. Il se dit bon et généreux envers ses sujets, lui, le monarque éclairé qui a fait ses études en Australie ; ainsi, chaque année, il organise un grand banquet pour Noël, où il invite des paysans pauvres à ripailler et danser au son du *sasando*, une sorte de harpe.
Notre homme est difficile à cerner. Il fait aussi des affaires dans le milieu de la pêche. Il est d'ailleurs à la recherche d'investisseurs étrangers pour financer la construction d'un entrepôt de stockage du poisson sur le port de Kupang.
À bon entendeur…

Pêche miraculeuse au Timor

Le prince Pae Nope avait beau nous expliquer la technique, nous ne saisissions pas vraiment en quoi elle consistait. Mais à lire ses gestes, nous savions que le spectacle valait le détour. La démarche à suivre pour faire monter deux étrangers à bord de l'*Aries* n'est pas une mince affaire, et il a fallu serrer beaucoup de mains pour qu'on nous ouvre les bras. Au port, nous rencontrons les dockers, les contrôleurs, le service de sécurité, les marchands et, le plus important, le directeur de la capitainerie. Ce dernier, le regard sévère, nous pose une série de questions. Pae Nope répond à notre place en expliquant que nous faisons une étude scientifique sur la pêche. Alors que le directeur examine scrupuleusement nos passeports, le prince nous fait signe de glisser discrètement un billet dans la main de notre interlocuteur.
Mission accomplie, nous quittons le bureau défraîchi et le fonctionnaire retourne à sa sieste en grommelant des insanités.
Quelques bras se lèvent sur le quai. Pae Nope et les ouvriers du port nous saluent et nous souhaitent bonne chance.

Première étape : les appâts.

Près du port de Kupang, des dizaines de lampes flottent sur une mer d'huile. Un village ici ? Nous fonçons droit sur elles et découvrons l'origine de ces étranges lumières : de vieux trimarans en bois, ancrés depuis des années. Nous nous amarrons à l'un d'entre eux et découvrons une poignée de funambules rachitiques qui galopent sur les rondins de bois. Vivent-ils sur ce radeau abandonné ? Un immense filet maintenu sous le trimaran contient des bancs d'alevins. Ces hommes sont des éleveurs d'appâts vivants ! Le temps est compté, et avec une organisation toute militaire, chacun prend son poste pour assurer le transfert des petits poissons vers l'*Aries*. Agung retire les gros bouchons de la cale de notre bateau et… nous coulons ! Om Sanus nous explique qu'il suffit de remplir d'eau une partie du navire pour garder les milliers d'appâts vivants jusqu'à demain : s'ils ne sont pas vigoureux, les thons ne les considèreront même pas. « *C'est comme pour les femmes. Tu toucherais à une nana à moitié morte, toi ?* » déclare le marin dans un élan de poésie.
Quelques gros billets passent dans la main du gardien du trimaran et nous prenons le large, laissant les acrobates au milieu de la mer.

Le trimaran aux alevins

Transfert des alevins
dans la cale de l'*Aries*.

Le leurre

Leurre artisanal utilisé pour la **pêche au *rumpon***: un crochet, du fil de nylon, du plastique et une plume de poulet.

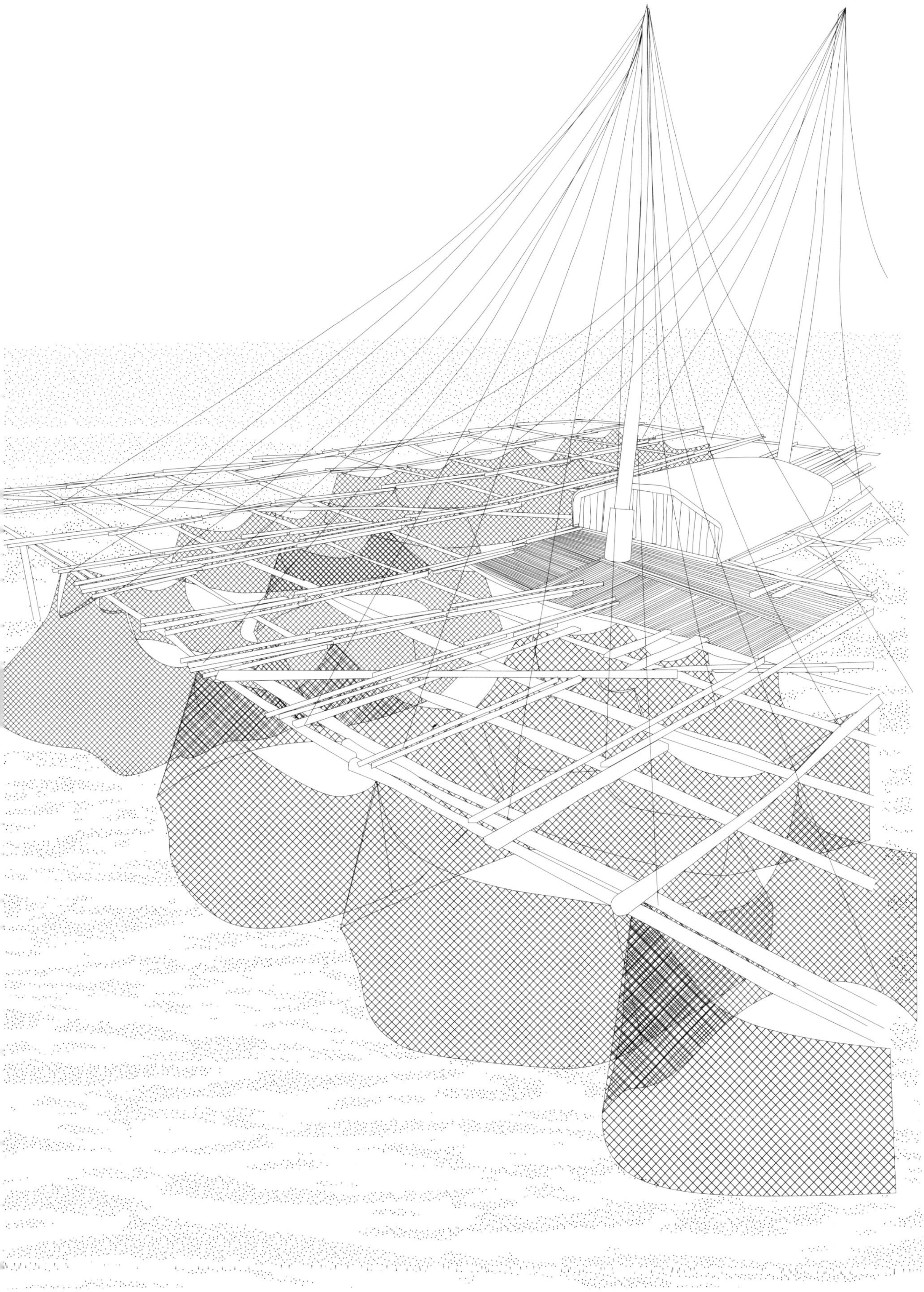

Rumpon, en français DCP pour « dispositif de concentration de poissons ».

Deuxième étape : la traversée.

Tenir la barre sud-sud-est pendant 60 milles nautiques (plus de 100 kilomètres) et trouver le *rumpon*.
En arrivant à destination, nous comprenons enfin ce qu'a voulu expliquer Pae Nope sur la technique de pêche. Le fameux *rumpon,* en français DCP pour « dispositif de concentration de poissons », sert à attirer les poissons autour d'un point fixe en haute mer. Des palettes de bois et des feuilles de palmier tressées sont fixées sous une grosse bouée. Le dispositif est rapidement colonisé par les algues, le plancton et les alevins, qui attirent les prédateurs pélagiques. En quelques semaines, des thons, des marlins et des requins tournoient frénétiquement sous la bouée. Le système est mouillé à quelque 200 mètres de profondeur et a une durée de vie de cinq ans.

Troisième étape : la bataille.

Sur le pont du bateau, qui n'est qu'à quelques mètres du *rumpon,* les hommes du capitaine s'activent et prennent leur poste à l'approche du moment de vérité. Rien n'est laissé au hasard. Après quinze heures de navigation dans une mer tumultueuse, il n'est pas question de rater les trente minutes de pêche.
Le départ va être donné. Alignés à la proue du bateau, douze hommes se tiennent prêts, canne tendue au-dessus de l'eau, tandis que deux autres, épuisette en main, se préparent à jeter les appâts frétillants à la mer. Nous entendons le bruit des vagues qui s'éclatent contre la coque et le moteur qui tourne au ralenti. La tension est à son apogée, les yeux de chacun sont rivés vers le fond de l'océan.
Le capitaine tient la barre. Encore quelques secondes de recueillement et… « *IAAAAAAA!!!* » : les alevins sont jetés en l'air. À peine ont-ils le temps de nager à la surface de l'eau que des dizaines d'ombres s'agitent

Trois belles bonites viennent d'être arrachées à la mer.

autour de la coque du bateau. Les leurres sont mis à l'eau et les lignes se tendent en un instant. Le geste doit être précis et vif. Il faut ferrer à la première touche car les poissons voraces ne manquent jamais leurs proies. Les crochets fabriqués cette nuit sont de simples petites pointes métalliques tordues à angle droit afin que les thons s'en dégagent rapidement. Les victimes, qui pèsent de 4 à 8 kilos, volent, se libèrent du crochet dans les airs et retombent dans le bateau. Les cannes craquent, les lignes claquent, des centaines de thons blancs ou jaunes s'écrasent violemment contre le pont en bois. Certains hommes laissent échapper un rire nerveux lorsqu'ils tirent le gros lot de 10 kilos. L'averse s'estompe moins d'une demi-heure plus tard. Le pont déborde de poissons. Les douze pêcheurs, ruisselant de sueur, ne cachent pas leur satisfaction. Ils chantent, se tapent dans le dos et posent fièrement devant notre gros objectif.

Quatrième étape : la pause kretek.

Après l'effort, le réconfort. Chacun allume une cigarette et raconte comment il a remonté la plus belle prise du jour. Om Sanus est à l'écart et nous confesse discrètement : « *Ils sont bien bêtes, mes confrères, ça ne changera rien à notre salaire de misère de savoir qui a la plus grosse.* »

*Quel est cet étrange oiseau qui fait du surplace ? Le mal de mer nous rendrait-il fous ? Nous sommes à 60 milles de Kupang et un cerf-volant plane au-dessus de l'*Aries *!*

Pêcheur au cerf-volant qui profite du rassemblement des thons autour de l'*Aries*.

Une barque apparaît, sortie de nulle part. À son bord, un homme traîne un petit cerf-volant en plastique et en bois à une trentaine de mètres au-dessus de nos têtes. Agung mime un thon gobant un poisson en pointant du doigt le pêcheur et son appareil. Tout s'éclaire : le dispositif consiste à monter une ligne terminée par un leurre et à l'accrocher à l'aérodyne. Au gré du vent, les mouvements du cerf-volant impulsent ceux du leurre, qui imite parfaitement le comportement d'un poisson volant effectuant de grands bonds à la surface de l'eau ; le capitaine affirme d'ailleurs que le cerf-volant est l'invention d'un peuple pêcheur du sud-est de l'Asie. Une technique de pêche aussi ancienne qu'esthétique qui n'a pas fini de bluffer les bonites, thons et autres dorades coryphènes qui rôdent autour des *rumpon*.

Tard dans la nuit, l'acheteur attend le retour du bateau au port pour contrôler la pesée. Il achète les 4 tonnes de thonidés à 8 000 roupies [1] le kilo. Il les revendra le double au Japon.
Nous quittons le port sous un ciel scintillant. « *Guillaume ! Gilles !* » Agung accourt avec une grosse bonite dans chaque main. « *Une pour toi et l'autre pour toi !* » Nous partagerons avec quelques habitants de Kupang ce beau cadeau, cuit dans du jus de citron vert.

[1] Environ 60 centimes d'euro.

Après la bataille, il faut rapidement stocker le poisson dans les bacs à glace avant de les vendre au port de Kupang.

Gilles aux prises avec le redoutable Om Sanus pour une partie d'échecs mémorable.

À bord de l'*Aries*

Longue nuit de navigation avant d'arriver au lieu de rendez-vous avec les thons et les bonites, entre le Timor et l'Australie. Comment tuer le temps à bord de l'*Aries* ?

Manger. Rizal, le chef cuisinier, s'assure que les marins ont bien avalé leur ration, car la pêche qu'on nous promet miraculeuse est brève mais très intense. Au menu : du riz et du poisson en sauce, en portions généreuses pour tenir au corps des solides gaillards qui se trouvent à bord.

Jouer. Dans un espace exigu situé au-dessus de l'énorme moteur, les pêcheurs jouent aux échecs. On parle peu car le vacarme est assourdissant, mais les coups s'enchaînent à une vitesse infernale. « *Come here, Gilles, you very smart, no*[1] ? » lance Om Sanus, l'air frondeur. Gilles ne peut se défiler et la partie s'entame ; la moitié de l'équipage est là, absorbée par le jeu. L'atmosphère est électrique, un peu comme la légendaire partie Fischer *vs* Spassky au temps de la guerre froide ! Om Sanus joue vite et pousse le Français à la faute. Le match, qui dure à peine trente minutes, se conclut par une belle embrassade.

Bricoler. Les plus artistes confectionnent les leurres qui serviront pour la pêche dans quelques heures. Avec du plastique, de la ficelle et du crin de cheval, Rizal et ses amis fabriquent de jolis leurres qui n'ont rien à envier aux créations des pêcheurs à la mouche.

… Rêver. D'autres s'adonnent à des activités moins nobles. Agung, l'aîné de l'équipage, nous traîne jusqu'à la cabine du capitaine car il veut nous montrer un « trésor ». Les hypothèses les plus farfelues nous passent par la tête, rapidement déçues quand le vieux pêcheur nous présente son téléphone. Un large sourire fend son visage ridé quand il fait défiler des photographies de filles dénudées sur son Nokia 3220. « *Nice girls*[2] *!* » lâche-t-il, hilare. Que de trésors dans les chaudes mers du Sud !

Une fois l'île de Roti passée, la mer se creuse. Nos visages blêmissent, les moqueries fusent, mais qu'il est difficile de lutter contre le mal de mer ! Sous la couchette du capitaine où nous nous sommes blottis, le temps s'égrène lentement. Les marins nous racontent des histoires qui font froid dans le dos. Hamka, le capitaine, a passé trois mois dans une prison en Australie ; les garde-côtes l'ont attrapé alors qu'il venait de jeter une poignée de clandestins pakistanais par-dessus bord à plusieurs centaines de mètres du rivage, dans des eaux infestées de requins. « *Bonne bouffe dans les prisons en Australie* », ajoute-t-il en se frottant l'estomac. Bercés par ces douces histoires et un roulis infernal, nous sombrons dans un sommeil agité. Au lever du jour, des cris retentissent. Les marins avalent un café et semblent se recueillir quelques instants sur le pont. Une prière pour que le poisson soit au rendez-vous ?

[1] « Viens-là, Gilles, tu es très intelligent non ? » en anglais.
[2] « Belles filles ! » en anglais.

Les enfants des harponneurs de Lamalera courent aider leurs pères qui rentrent d'une journée de chasse.

Le «*Baleo, Baleo!*» a donné l'alarme. Tous les pêcheurs-chasseurs s'organisent sur la plage pour prendre le large et poursuivre les cachalots.

Lamalera, le village des baleiniers

L'île de Lembata, face au Timor, abrite le village de Lamalera et ses chasseurs de baleines. Des peintures de dauphins ornent les murs des maisons, et des vertèbres de cachalot sont disposées un peu partout dans les ruelles.

Dès l'aube, les hommes s'animent sur une plage de sable noir. Des pêcheurs au filet rentrent sur leurs petits voiliers d'une pêche aux poissons volants, bientôt enfilés sur des ficelles après que les gamins leur ont gobé les yeux, une friandise très prisée.

Les femmes sont absentes : la plage est le territoire des hommes. Depuis plusieurs siècles, les plus valeureux d'entre eux pratiquent la chasse à la baleine en prenant le large sur de frêles esquifs adaptés à la traque des cétacés.

Les chasseurs scrutent l'horizon sans répit pour repérer le jet puissant, craché par le cachalot lorsqu'il reprend son souffle à la surface de l'eau. L'attente est interminable, et pourtant, on sent l'armée de réservistes prête à bondir au signal de la vigie.

Des hommes sont postés en haut d'une falaise, d'autres patrouillent dans la baie et en profitent pour capturer raies et dauphins. Tous boivent du café très fort, car on ne tolère pas le moindre assoupissement.

« *Baleo, baleo!* » Le signal, reliquat du *baleia* portugais qui, on l'aura compris, signifie « baleine » dans le dialecte lamaholot, résonne comme un écho et retentit dans tout le village. Le tocsin sonne, alerte à la bombe, branle-bas de combat : une centaine d'hommes accourent en hurlant vers leurs embarcations. Les bambins se mêlent à l'hystérie collective et se jettent à l'eau pour embrocher des morceaux de polystyrène avec leurs lances. Les femmes restent en retrait et observent d'un œil inquiet le départ de leur mari au front. Plus de vingt barques sont poussées vers l'eau, au rythme du « *satu, dua* [4]... » des capitaines. Nous avançons jusqu'à avoir de l'eau à mi-cuisse et grimpons à bord du *Bero*. Par binômes, les barques à moteur tractent les barques à rames à partir desquelles les harponneurs feront le grand plongeon, et foncent vers le jet qui leur donne la direction à prendre. Les cachalots peuvent nager dans les eaux profondes durant plus de trente minutes. Cent paires d'yeux scrutent le moindre mouvement d'eau, certains se mettent même à prier à voix basse.

[4] « Un, deux », en indonésien.

Scruter inlassablement l'horizon...

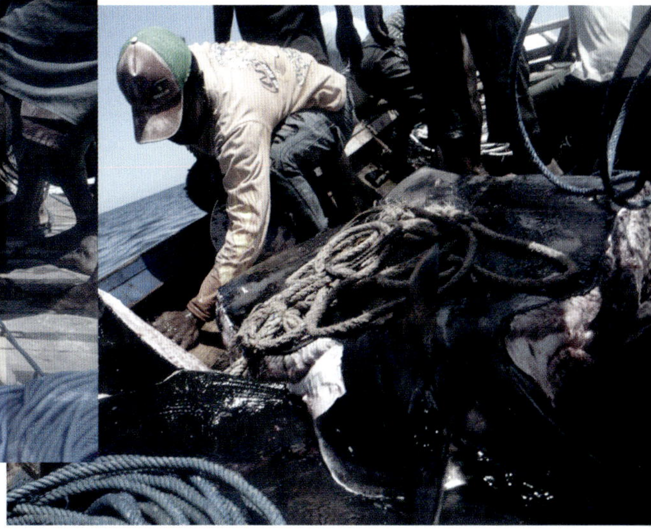

À gauche, Nakula s'apprête à bondir pour harponner une raie manta. Ci-dessus, la raie manta n'a pas eu sa chance. Elle est tellement lourde qu'il faut la découper dans l'eau pour la remonter à bord.

Séchage et fumage de la raie manta sur la plage de Lamalera. Sous les morceaux suspendus, un feu de feuilles de maïs.

Découpage puis séchage...

La chasse à la baleine

Les étapes de la pêche au cachalot

1) **Sonner** l'alarme dans le village : *« baleo, baleo !!! »*

2) **Pousser** les 20 embarcations à l'eau. Les 10 bateaux à moteur tractent les 10 bateaux à rames avec une corde et foncent vers le large.

3) **Observer.** Silence, personne ne bouge. Chacun scrute l'horizon dans l'attente de voir le geyser qui donnera le cap vers le monstre à tuer.

4) **Foncer.** Les jets puissants fendent le ciel, les baleiniers ne disposent que de très peu de temps avant que les cétacés ne replongent pour 30 minutes.

5) **Approcher** le cachalot le moins craintif. Seuls les rameurs terminent la course, les bateaux à moteur risquant d'effrayer les cachalots.

6) **Plonger.** À 5 mètres de la bête, les deux harponneurs les plus proches, arme en main, s'élancent dans les airs depuis leur plongeoir aménagé à la proue du bateau et enfoncent les lames acérées dans l'épaisse peau graisseuse. Le cachalot est prisonnier des cordes qui relient les harpons aux bateaux.

7) **Achever** le cachalot. Tous les équipages sautent à l'eau et plantent de longs couteaux dans le corps du mastodonte jusqu'à ce qu'il se vide de son sang.

8) **Tirer** les 30 tonnes de viande jusqu'à la plage du village.

9) **Découper et partager** la viande avec tous les habitants du village. Au moins deux jours et deux nuits sont nécessaires.

Un geyser puissant réapparaît, suivi d'une large queue noire qui s'enfonce majestueusement dans l'eau sans une éclaboussure. Il faut s'approcher du cachalot en prenant soin de ne pas l'effrayer.
Le harponneur se tient en équilibre sur la plate-forme aménagée à la proue. C'est Nakula, qui effectuera son premier saut. Le jour qu'il attend depuis sa tendre enfance est finalement arrivé et il doit se montrer à la hauteur de ses aïeux. Il est conscient du rôle dangereux, et presque religieux, qu'il incarne aujourd'hui. Comme d'autres, il risque de se faire mutiler ou même de périr. Sa récompense : un statut viril de harponneur qui lui vaudra les honneurs des siens. Braver des périls insensés n'est toutefois pas gage de fortune, et comme Melville l'écrit dans *Moby Dick*, « *pas de sinécure dans ce métier de baleinier, le danger vous guette à chaque heure*[5] ».
Nakula nous fusille du regard. Nous lui tendons son arme, un bâton de bambou à l'extrémité duquel est enfilée une lame tranchante.
Ça y est ! La baleine est suffisamment proche, Nakula se décide à bondir. Il s'élance de toutes ses forces, transperce l'air d'un cri profond et… plante son arme dans l'eau. La bête a disparu dans les abysses.
Il s'imaginait déjà insérer son harpon acéré dans l'épaisse peau graisseuse avant de s'échouer sur le dos du grand cétacé. Les rameurs auraient lâché leurs rames, attrapé leurs couteaux, sauté à l'eau et achevé le monstre en enfonçant leurs lames dans son corps. Le cachalot aurait poussé ce cri caractéristique de l'agonie, ce chant du cygne qui sonne comme une douce mélodie dans les oreilles des chasseurs. Le combat aurait été homérique, le visage de Nakula serait maculé de sang. Las ! tout cela n'est que fiction. Nakula barbote quelques minutes dans l'eau, hagard ; il a manqué son baptême du feu, il lui faudra attendre pour rejoindre son père au panthéon des illustres harponneurs.
Des clameurs se font entendre sur les autres bateaux qui convergent tous vers le cachalot. Mais la mer ne se teinte pas en rouge. Après quelques heures d'une traque vaine, les hommes, soûlés de soleil et de frustration, viennent échouer leurs barques sur la plage. Nakula a tué une grosse raie manta. La consolation est bien maigre pour celui dont le rêve se mesurait en tonnes de viande fraîche.
Sans tarder, les hommes découpent le butin du jour, quelques raies et une baleine pilote. Les enfants n'hésitent pas à plonger leurs mains dans les entrailles fumantes pour aider leurs pères dont ils sont si fiers, et les femmes forment une chaîne pour transporter les morceaux encore tièdes jusqu'à leur cuisine.
La viande est partagée entre l'équipage, le constructeur du bateau et leurs clans respectifs, selon des critères que nous avons renoncé à comprendre. L'atmosphère est festive, malgré tout : les lourdes effluves de sang caillé annoncent des jours de bombance.

Le lendemain matin, les hommes du village sont rassemblés sur la plage. Ils semblent attendre quelque chose. « *Baleo?* » demandons-nous à plusieurs d'entre eux. « *Ya, ya, kemarin.* » Nous comprenons : « *Oui, oui, des baleines.* » Nous restons plantés jusqu'au soir près des cabanes abritant les bateaux pour être sûrs de ne pas manquer le départ, quand Gilles a la brillante idée de chercher le mot *kemarin* dans son lexique. Il signifie « hier » en indonésien ! Les *baleo,* dont la quête tourne à l'obsession, comme sans doute pour le malheureux Nakula, continuent de nous narguer.

[5] Herman Melville, *Moby Dick*, 1851.

La baleine pilote

Elle est aussi connue sous le nom de « globicéphale tropical ». Cette baleine, qui peut mesurer jusqu'à 7 mètres de longueur, croise souvent, en groupe, au large de Lamalera. Les baleiniers préfèrent harponner les gros cachalots, mais parfois, faute de mieux, ils se rabattent sur les baleines pilotes dont la chair ferme et sombre permet de subsister jusqu'au prochain « *baleo, baleo!* ».

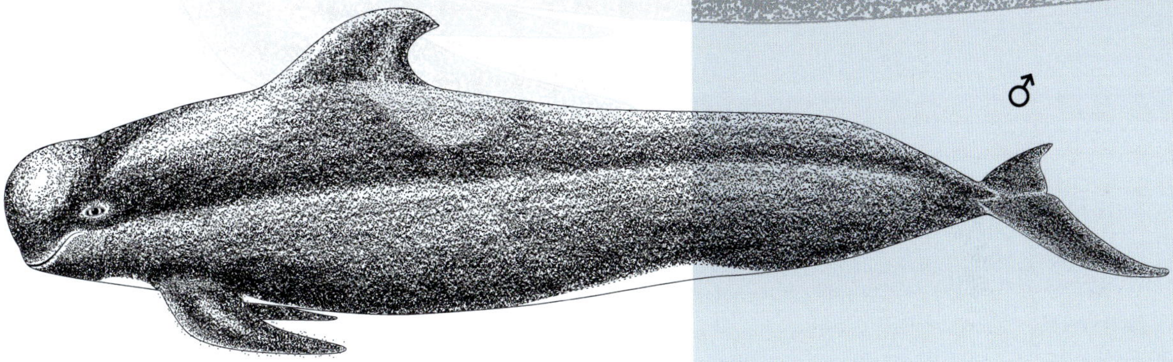

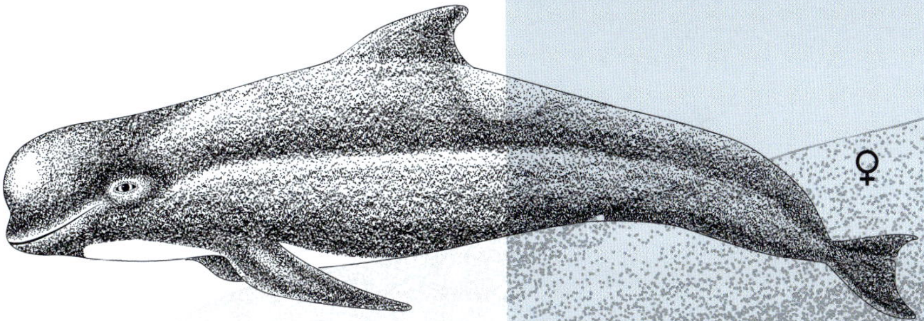

En quête de cachalots.

Professeur Franz

« Je pense que la venue de quelques touristes, d'ONG, et le reportage de la BBC renforcent la culture de Lamalera. Les villageois prennent conscience qu'ils sont uniques et qu'ils intéressent le monde entier. Donc, on va continuer à chasser les baleines comme on le fait depuis toujours, car c'est ça qui nous rassemble et même qui nous définit »,

glisse Franz en reprenant à peine son souffle, comme pour s'assurer qu'il a bien fait son travail d'évangélisation auprès des pêcheurs que nous sommes.

Franz n'est pas un professeur comme les autres. Pourquoi s'intéresser à l'histoire d'un enseignant plutôt qu'à celle des chasseurs qui risquent leur vie en défiant les géants marins ? C'est que Franz incarne les ambiguïtés de Lamalera : il est à la fois ouvert sur le monde et farouchement attaché à ses traditions.

Né dans une famille de six enfants, Franz est rapidement sorti du lot à l'école primaire et a quitté Lamalera pour étudier à l'université. Il explique avec émotion que le village agit sur lui comme un aimant et qu'il est revenu y vivre pour exercer son métier. Franz accompagne les chasseurs dès qu'il a des congés. Selon lui, il n'y a aucune incompatibilité entre le fait d'être instruit et celui de pratiquer la chasse à la baleine. Il invoque deux raisons majeures pour expliquer l'attraction presque mystique qu'exerce sur lui cette activité ancestrale. La première, c'est la responsabilité collective qui pèse sur les épaules de tout Lamaholote : il existe à Lamalera une conscience aiguë de l'absolue nécessité de préserver un mode de vie unique.
La seconde est plus individuelle : elle repose sur la fierté que ressent le chasseur et sur cette sensation virile d'avoir bravé la mort. Franz affirme ne jamais s'être senti aussi vivant que le jour où il était seul, à la proue d'une barque, avec un harpon dans les mains.

Avec l'âge, Franz s'est assagi, mais il n'a rien perdu de ses convictions. Il pense que son statut d'érudit lui impose, à la manière des moines du Moyen Âge, de perpétuer les traditions et la culture du village. Il recense toutes les prises de baleines, dauphins et raies mantas depuis une vingtaine d'années et consigne méthodiquement par écrit les légendes du village. Voici celle qu'il nous conte lorsque nous lui demandons si les baleines bleues sont tuées : *« La baleine bleue est de celles qui empruntent la mer de Savu comme un couloir migratoire. Les premiers Lamaholotes ont parcouru les océans sur le dos de cette géante durant des semaines avant qu'elle les dépose sur la terre promise de Lembata. La baleine bleue est sacrée depuis ce jour, et personne n'a l'impudence de pointer un harpon dans sa direction. »*

Dans le même temps, et sans contradiction aucune selon lui, il milite pour que le village évolue et entre sereinement dans le XXIe siècle. Les projets sont nombreux : ouverture progressive au tourisme, arrivée d'une antenne téléphonique…
Franz a pour projet d'écrire un livre retraçant l'histoire du village. Tant qu'il sera là, pas d'inquiétude, les trésors de Lamalera seront bien gardés.

L'église de Lamalera.

Le marché de Wulandoni

Une fois par semaine, un grand marché se tient à Wulandoni, à quelques kilomètres de Lamalera. Autour de manguiers à l'ombre rafraîchissante, des dizaines de femmes assises sur leurs *ikats*[6] étalent leurs produits. C'est un festival de couleurs : le rouge des tomates et des lèvres des femmes, mâcheuses invétérées de bétel, le jaune des bananes et des citrons, le vert des avocats, des concombres… sans oublier, bien sûr, les sarongs et les étoffes des commerçantes qui explorent un large spectre de coloris.
Les jacasseries et ricanements nourrissent un bruit de fond continu, et l'on s'imagine facilement les ragots et autres commérages qui circulent. La présence des hommes est réduite à la portion congrue ; ils restent en retrait et observent le spectacle.

Un steak de baleine contre quatre avocats ou dix tomates, c'est le cours du jour sur le marché de Wulandoni.

Pas de roupies indonésiennes : ici, on pratique le troc. Les femmes de Lamalera apportent leur viande de baleine séchée et repartent les bras chargés de fruits, de légumes, de riz, ou encore de cigarettes. À l'échelle locale, une véritable division du travail s'opère, les habitants de l'intérieur de l'île se spécialisant dans l'agriculture. Les nombreuses femmes voilées présentes sur le marché semblent vivre en bonne intelligence avec les chrétiennes de Lamalera.
La tolérance religieuse est de mise, comme dans une grande partie de l'Indonésie.

La chasse à la baleine innerve profondément l'ensemble des structures sociales, culturelles et économiques de la région. Elle est non seulement le pilier de l'alimentation, de la vie communautaire de Lamalera et de son identité, mais aussi une activité qui rythme l'existence dans les campagnes environnantes. On comprend mieux l'inquiétude du professeur Franz, qui se dit prêt à mourir le harpon à la main face au gouvernement et aux ONG qui souhaitent interdire la chasse aux cétacés et faire de Lamalera un lieu du tourisme d'observation des baleines.

[6] Tissus colorés aux superbes motifs.

Une messe à Lamalera

Six heures et demie, les cloches de l'église sonnent. Les fidèles affluent, arborant leurs plus beaux habits du dimanche : nœud papillon pour certains, robe à dentelle pour d'autres, chapeaux en tout genre. L'église bruisse de messes basses : « *orang asing, orang asing*[7] » chuchotent les enfants en tendant l'index vers nous. Elle est belle, dépouillée, ornée seulement de quelques fleurs.

Le prêtre prononce une homélie vigoureuse et la foule écoute en silence, tête baissée. Nous guettons le mot *paus*[8], qui revient à plusieurs reprises dans la bouche de l'abbé. Il implore sans doute le Ciel pour que les cétacés tombent en nombre sous les harpons des Lamaholotes. Nakula frissonne chaque fois que le mot magique est prononcé : il nous confesse après la messe qu'il a prié pour que Dieu lui donne le courage de monter une nouvelle fois à la proue d'une barque, muni de son arme. Derrière l'autel, une fresque. Saint Pierre, patron des pêcheurs, est représenté au Vatican ; il y a aussi deux scènes de pêcheurs transportant des poissons et des morceaux de baleine.

« Le prêtre est directement impliqué dans la chasse à la baleine, nous raconte Franz à la sortie de l'église. Chaque année, une grande cérémonie est organisée sur la plage et le père Opa bénit les bateaux, un par un. Si la chasse a été bonne dans les semaines précédentes, on organise une grande fête et on se gave de cachalot, bien sûr ! »

Quant à nous, comment ne pas penser, en notre for intérieur, que les pieux marins du *Bero* qui marmonnaient des prières en attendant de passer à l'attaque du cachalot récitaient peut-être un Je vous salue Marie en insistant bien sur la supplication ultime :

« Priez pour nous, pauvres "pêcheurs", maintenant et à l'heure de notre mort. »

[7] « Étrangers », en indonésien.
[8] « Baleine », en indonésien.

La première équipe de harponneurs se prépare à mettre son embarcation à l'eau. En bas à gauche, les enfants aident leurs pères à rapporter les prises sur la plage. Ci-dessous, les femmes se sont partagé des morceaux de raies et rentrent rapidement cuisiner la viande fraîche.

AMÉRIQUE DU SUD

BRÉSIL

Durée de l'escale : 36 jours (incluant 5 jours au Paraguay).
Modes de transport : cheval, bateau cargo, bus, auto-stop, nos jambes.
Équipement spécifique : des bas de ligne en métal pour attraper des piranhas et des tongs pour la fin de notre voyage à Rio de Janeiro.

CHILI

Durée de l'escale : 30 jours.
Modes de transport : auto-stop, bus, taxi, nos jambes.
Équipement spécifique : chaussettes et bonnets en laine.

AMÉRIQUE DU SUD / Chili / population : 18 millions • 2e producteur mondial de saumon • 6 435 kilomètres de côtes • 13 000 bateaux de pêche • production de poisson : 3,6 millions de tonnes.

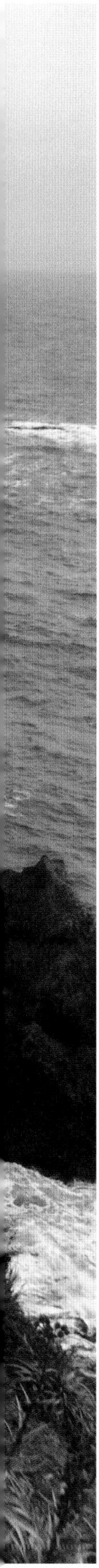

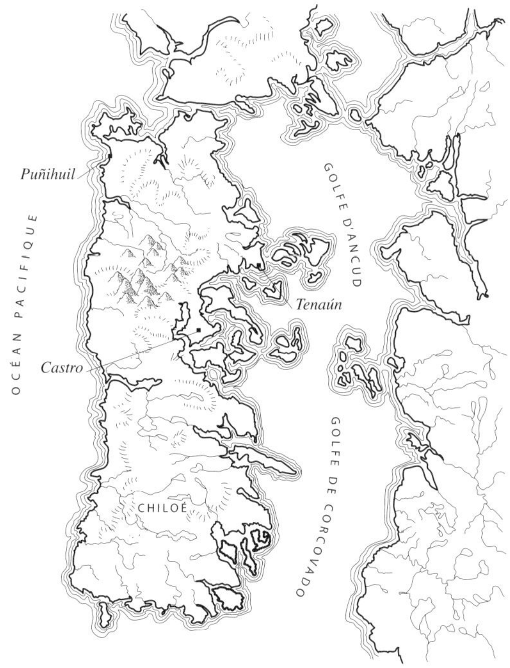

CHILI

Après neuf mois de mers tropicales, le choc est rude quand nous posons nos cannes à pêche sur l'île de Chiloé. L'océan Pacifique est aussi tempétueux que le ciel est capricieux sur cette terre aux collines toujours vertes et aux côtes découpées de fjords et d'îles. Heureusement, les poêles à bois réchauffent les maisons et le cœur de leurs habitants. À Chiloé, la nature est généreuse : on pêche des poissons, on récolte des coquillages et, surtout, on élève des saumons. On parle d'« or rose », même si le décor planté par les puissants industriels n'est pas tout rose. Mais les Chilotes en ont vu d'autres, et ils s'en remettent volontiers aux dieux et à leurs croyances animistes pour obtenir leur protection. Et puis, il y a la gastronomie pour se remonter le moral quand le baromètre est au plus bas. Ici, on ne badine pas avec la nourriture. Nous, nous nous disons en secret qu'avec ses histoires de sorciers, ses ciels incertains et son beurre salé, l'île de Chiloé doit être une cousine éloignée de notre Bretagne.

La pêche à Chiloé

Nous débarquons à Castro, capitale de Chiloé, sous une pluie battante. Les rues sont inondées, il fait froid, mais les gens ont l'air de trouver ça normal. Après vingt minutes à hésiter sous le déluge, il est temps de réagir. Nous ouvrons la porte du premier bistrot et commandons les plats les plus copieux de la carte : « *lomo a la pobre* [1] » et *milcao* [2]. Quelle drôle d'idée de venir sur cette île, aux portes de la Patagonie, pendant l'hiver !

À l'arrivée dans le village de Tenaún, sur la côte est de l'île, il n'y a pas âme qui vive.

Quelques chiens errants au pelage mité et mouillé nous suivent alors que nous faisons le tour de la petite église en bois, qui, de son clocher bleu, égaye un peu cette journée lugubre. Plusieurs maisons sont abandonnées, grignotées par la moisissure et les mauvaises herbes. La lumière décline dangereusement quand une femme ouvre la fenêtre de sa cuisine et nous interpelle : « *Vous avez l'air perdus. Vous cherchez quelque chose ?* » Comment dire… « *Nous cherchons un endroit pour dormir ce soir. Nous sommes venus ici pour faire un reportage sur les pêcheurs, mais on n'a pas vu beaucoup d'activité de pêche pour le moment !* » Quelques minutes plus tard, nous voilà chez Veronica, autour du poêle à bois qui diffuse des vagues de chaleur.

[1] Steak de cheval, dit « steack du pauvre », en espagnol.
[2] Spécialité chilote à base de pommes de terre et de porc.

À l'arrière d'une camionnette avec Marcela, sur les hauteurs de Tenaún. À gauche, le port de pêche de Dalcahue.

Le vent s'est levé et siffle quand il s'engouffre entre les planches de la bicoque. Nous sommes une pleine tablée pour le dîner. Mauricio, le frère de Veronica, est pêcheur.

« Si Dieu le veut, nous sortirons en mer pour relever les casiers. Mais vous savez, le mauvais temps peut durer. » Nous risquons de moisir ici quelques jours, alors autant passer du bon temps. Les trois bouteilles de vin que nous avons achetées à Castro sont déjà éclusées quand le vieux grand-père sort « *quelque chose de très spécial pour les visiteurs* ». De l'eau-de-vie faite avec des pommes de terre ! Que l'ivresse est douce quand les éléments se déchaînent dehors ! Deux jours s'écoulent ainsi, à jouer aux cartes, boire du vin et manger, toujours manger. Manger pour oublier l'ennui, manger pour s'assommer et mieux faire la sieste, manger, car il n'y a que ça à faire. Boudins, saucisses, tripes, volailles, fritures, soupes en tout genre et à toute heure. On rit, on ripaille et on se chamaille.

Le panthéon chilote

Le vieux pêcheur, au bord d'une rivière aux eaux noires, nous avait fait sourire avec son histoire de Trauco. Avec de grands gestes et sur un ton solennel, il disait que cette petite créature d'une laideur sans égale pouvait nous tuer rien qu'avec ses yeux. Grâce à son pouvoir, les jeunes pucelles s'offrent à lui. La grand-tante du vieux pêcheur est tombée enceinte à cause du Trauco. « *Ouvrez l'œil !* » prévient-il d'un ton menaçant.

El Trauco à Ancud.

L'histoire est plus sérieuse qu'elle n'en a l'air. Il existe un certain nombre de personnages mythiques à Chiloé. Tout le monde en rit, mais personne ne nie leur existence et les histoires qui révèlent leur présence abondent.

Un vaisseau fantôme

C'est ainsi que **Fernando**, le capitaine du bateau-grue, ralentit toujours dans la zone où un bateau de pêche a disparu, emporté par *El Caleuche*, le fameux vaisseau fantôme. Il nous rappelle que ce navire mystérieux est dirigé par des sorciers, les *brujos*, qui, par leur chant, attirent les marins dans un piège avant de les entraîner avec leurs embarcations dans les profondeurs de l'océan. Ces hommes maléfiques auraient été aperçus dans une grotte, sur la côte orientale de l'île.

Une femme d'une grande beauté

Quant à **David**, les pêcheurs de Puñihuil le surnomment Pincoya, comme la déesse dont les marins tombent amoureux au premier regard. Il explique, à bord de la barque, les yeux dans le vague, que cette femme est d'une beauté incroyable avec ses longs cheveux blonds qui cachent ses seins lorsqu'elle danse nue sur la plage. L'a-t-il vraiment vue ? « *Si, par malheur, elle danse dos à la mer, la pêche sera désastreuse !* » confie Pincoya sans s'arrêter de tirer sur un filet lourd d'araignées de mer.

Et voilà que nous commençons à douter : ces créatures mystérieuses n'appartiennent-elles vraiment qu'aux histoires qu'on raconte aux enfants pour les dissuader d'aller seuls à la plage ?

Tout est bon dans le cochon

On oublierait presque que derrière les murs de tôle, une pluie diluvienne et glacée s'abat sur le village de Tenaún. Dans l'atelier de Mauricio, la famille et les voisins sont réunis autour d'un feu et d'une grosse marmite. On nous empêche de pêcher ? Tant pis, nous ripaillerons ! C'est jour de fête : aujourd'hui, on tue le cochon.

La carcasse du porc est suspendue à une poutre couverte de poussière. Sa tête pend sur un croc de boucher, laissant couler des gouttes de sang par le groin. Dans le chaudron, une potion magique de lard et de couenne commence à bouillir. Avec la fumée épaisse qui envahit la pièce et Mauricio qui remue la soupe avec son bâton en y jetant délicatement quelques feuilles broyées, on se croirait dans la hutte de Panoramix !

Les trois femmes dodues s'attaquent au boudin. Le sang qui a rempli la bassine sous le cochon pendu est versé dans une mixture de graisse, d'oignons, de pain rassis et de morceaux de viande raclés sur la carcasse. Trois paires de mains potelées remplissent les entrailles du porc.

« Un petit verre de chicha, *les amis ? »*

On nous sert dans des gobelets gras la *chicha de manzana*, un alcool de pomme local, proche du cidre breton. La radio diffuse en grésillant un air d'accordéon et, après quelques verres, on aurait envie de danser autour de la marmite ! Qu'il fait chaud, soudain, dans l'atelier de Mauricio !

« La couenne est prête ! Guillaume et Gilles sont nos invités, ils seront les premiers à la déguster ! »

Nous croquons dans le morceau de peau blanche, au goût rance. Tous les yeux sont rivés sur nous : « *Délicieux !* » lâche Gilles, la bouche pleine de l'horrible couenne, avant que nos hôtes se précipitent sur leur friandise préférée.
Les cuisinières préparent ensuite l'excellent *milcao* !
On mélange tous les morceaux de viande qui traînent avec de la purée de pommes de terre, et on en fait des boulettes qu'on plonge dans la graisse de porc bouillante : c'est très nourrissant.
Il est dix-huit heures quand la nuit tombe, et le feu agonise dans l'atelier. La femme de Mauricio éteint le poste de radio et annonce très sérieusement :

« Allez ! À table tout le monde. »

Araignées de mer.

Un matin, Mauricio vient nous tirer de nos rêves indigestes : « *Amigos, ya vamos*[3] *!* » Le bateau d'environ 10 mètres, équipé d'une petite cabine, quitte son ancrage dans l'obscurité. Le vent des derniers jours est tombé, mais le froid est tel qu'on se blottit au poste de navigation, entourés d'Alexis, le capitaine, et Fernando, un petit homme assez bourru. Sur la gazinière, de l'eau chaude bout, et on s'imagine déjà avaler un café très chaud avec délectation. Une heure plus tard, le bateau ralentit. Une bouée colorée indique l'emplacement des casiers, qui sont remontés sur le bateau au moyen d'un treuil hydraulique et vidés de leur contenu. Puis les appâts sont remplacés et les casiers remis à l'eau un peu plus loin, à une profondeur d'environ 100 mètres. L'opération se répète 217 fois. Mais qu'y a-t-il dans ces pièges à fruits de mer ? Un peu de tout : des bernard-l'ermite énormes, des étoiles de mer, des poulpes, des petits crabes et, surtout, des araignées de mer. Ces dernières sont le crustacé emblématique de Chiloé : elles sont pêchées tout autour de l'île et très prisées pour leur chair fine. Les mâles, qu'on reconnaît au triangle dessiné sur leur ventre, sont les plus précieux.

Après avoir longuement hésité, le soleil d'hiver finit par se montrer et nous caresse de ses timides rayons. Mauricio fait cuire quelques araignées et nous confie la lourde responsabilité de les manger. C'est un régal, et les interminables journées d'attente à Tenaún sont déjà oubliées. Près d'un élevage de saumons, quelques loups de mer lézardent, postés sur de grosses bouées. Les cormorans, mouettes et goélands nous suivent en masse, attirés par tout ce que les pêcheurs jettent à l'eau. Des têtes et des sabots de vache jonchent le pont du bateau au milieu des débris de crustacés et d'algues qui, placés à l'intérieur des casiers, feront office d'appâts. La pêche a été très bonne avec plusieurs centaines de kilos de *centollas*[4] : « *Vous nous portez chance, les Français, il faut venir plus souvent à la pêche avec nous !* » lâche le vieux Fernando qui desserre enfin la mâchoire. Au coin du poêle, dans la cuisine de Veronica, le repas est encore une fois gargantuesque, avec des fruits de mer que la maîtresse de maison est allée ramasser dans les rochers, au pied de la falaise.

[3] « Les amis, on y va ! » en espagnol.

[4] Araignées de mer.

Mauricio et son collègue
remontent un à un les casiers.

Retour à Castro, où la pluie n'a pas cessé. Mauricio nous a conseillé d'aller au *Brujas Bar*[5] pour y rencontrer des pêcheurs. Naïvement, nous poussons la porte du bar de danseuses. Ambiance tamisée, filles dénudées. Deux hommes sont accoudés au zinc et sirotent un whiskey sans un regard pour les Colombiennes à la peau cuivrée qui tentent d'attirer leur attention. Oscar est cubain, la quarantaine, et il arbore une moustache touffue. Il a été attiré à Chiloé par le boom de l'or rose, l'industrie du saumon. Mais le secteur est en crise et le voilà au chômage, dépressif. Il vide son sac, rempli d'histoires de patrons injustes, de conditions de travail inhumaines et de la nostalgie de son pays. Il n'est pas rentré depuis cinq ans sur son île, là où les gens sont « *pauvres mais heureux* ». Il est un habitué du bar mais ce soir, il se contente de boire un verre. « *L'âge d'or est derrière nous… À la grande époque, les filles étaient des princesses, quand les pêcheurs rentraient de plusieurs mois en mer les poches dégoulinantes de billets. Maintenant, c'est fini.* » Il avale son verre d'un trait et se dirige en titubant vers la sortie. « *Ah ! et pour vos conneries de reportage sur la pêche, allez à Puñihuil voir mon pote Jorge, c'est un brave type !* » conclut Oscar avant d'être happé par la rue.

Le soleil plonge dans l'océan quand nous arrivons sur la plage de Puñihuil, au nord-ouest de Chiloé. Deux hommes tirent une courte barque sur la plage. « *Jorge ? — J'espère que vous n'êtes pas de la police ! Oui, c'est moi.* » Dans l'embarcation, quelques sardines agonisantes dans de l'eau croupie : la pêche a été maigre. « *Ça ne m'étonne pas que vous ayez croisé Oscar dans ce bar* », ajoute-t-il, hilare. Avec son confrère David, nous passons la soirée devant le match de football Chili-Paraguay. Jorge est bavard. Il nous confie qu'il est venu se terrer à Puñihuil pour fuir la justice : qui penserait à venir le chercher ici, dans une colonie de pêcheurs miséreux nichée au pied d'une falaise en face de l'océan le plus hostile du globe ?

Les deux compères font partie du seul équipage à partir en mer en hiver ; les conditions climatiques sont si mauvaises que les autres se consacrent à l'agriculture.

Nos amis n'ayant pas de terre, ils doivent donc braver le gros temps pour subsister. Jorge, un peu échauffé par le merlot, se lance dans une longue tirade contre le système, les puissants et… les indigènes Huilliches[6] : « *La vie des petits pêcheurs comme nous est de plus en plus dure. Le gouvernement, à Santiago, nous a oubliés. On nous interdit d'attraper plein d'espèces comme les sardines, les quotas sont trop stricts, on ne peut pas pêcher à plus de 1 mille de la côte. À Puñihuil, il n'y a jamais de contrôle, donc on fait ce qu'on veut ; mais ailleurs sur l'île, les gens n'en peuvent plus. Tout ça pour quoi ? Pour satisfaire aux intérêts des pêcheurs industriels qui veulent notre mort. Ils ont les moyens de corrompre les politiques, ces vermines. Et ce qui m'énerve le plus, ce sont les pêcheurs qui se disent huilliches. Ils ont plein de privilèges, tout ça parce qu'ils sont indigènes.* » Pendant que Jorge reprend son souffle, nous repensons à notre discussion avec Manuel Muñoz, un anthropologue spécialiste de la question huilliche que nous avons rencontré à Castro. D'après lui, les pêcheurs artisanaux n'arrivent pas s'unir pour se faire entendre des politiques ; ils développent une rancœur envers les Huilliches au lieu de s'en prendre aux industriels, véritables maîtres du jeu.

Au matin, une nouvelle tempête s'abat sur Chiloé. Bravant les éléments déchaînés, nous partons pêcher dans un ruisseau qui termine sa course sur la plage. Les truites sont affamées et attaquent sans relâche nos cuillères. Nous mangeons un poisson cru. Erreur que nos intestins ne nous pardonneront pas ! David nous fait la leçon : « *Il n'y a vraiment que des gringos pour avoir des idées pareilles !* » Puis il grimpe sur une colline pour nous chercher un remède. Il revient avec une touffe d'herbes que nous faisons infuser.

[5] « Bar des sorcières », en espagnol.

[6] Groupe ethnique très présent à Chiloé, appartenant à la culture mapuche.

Jorge tire inlassablement sur le filet qui attend les pêcheurs depuis un mois.

Une bonne journée pour l'équipage avec plus d'une centaine de kilos d'araignées de mer.

Abuelito est un personnage énigmatique. Toujours coiffé d'un bonnet péruvien, il nous invite un soir de grand vent à prendre un verre chez lui. Le feu qui crépite dans son poêle réchauffe l'atmosphère de sa cabane. Éclairés par une bougie vacillante, nous mangeons des palourdes. L'homme est peu loquace quand nous le questionnons. Pas de femme, pas d'enfant, il vit seul avec son berger allemand. Le *pisco*[7] le déride peu à peu. Il demande à voir les photographies de notre voyage, en Asie, en Afrique.
Il pose des questions sur les poissons aux couleurs chatoyantes, sur les valeureux chasseurs de baleines ou sur les femmes asiatiques qu'il trouve charmantes.
Avec la voix hésitante de ceux qui n'ont pas l'habitude des déclarations solennelles, il lance :

*« Mes amis, merci. Merci d'être venus à Puñihuil et de me montrer les merveilles de notre monde. Je n'ai jamais quitté Chiloé de ma vie.
Eh bien, c'est décidé : je vais monter à Santiago l'année prochaine ! Et si je ne le fais pas, je brûle mon bonnet fétiche ! »*

Un toast à Abuelito, à Santiago, et au bonnet péruvien !

[7] Alcool fort chilien très populaire.

Le lendemain, les pêcheurs s'agitent : le vent est tombé. On enfile nos cirés pour sauter dans une barque d'environ 6 mètres. À bord : Narcisso, qui est le capitaine, Jorge, David et Abuelito, un petit vieux qui ne parle pas beaucoup.

La houle est forte, et pourtant David assure qu'il trouve les conditions très calmes.

À environ 10 milles de la côte, il faut relever trois filets, de 800 mètres chacun. Les conditions ont été si exécrables ces derniers temps que le filet est en place depuis un mois. La plupart des poissons prisonniers sont morts, voire en décomposition ; l'odeur de charogne qui se dégage des cadavres de raies ou de requins flotte sur l'océan. Les araignées de mer, elles, sont toujours en vie. Avec Abuelito, nous nous affairons à démêler les crustacés coincés dans les mailles, avec délicatesse car ils doivent rester entiers. Jorge, lui, tire le filet et massacre des milliers de petits crabes avec une batte de base-ball car ce serait trop long de les sortir un par un. Il semble y prendre du plaisir et pousse un petit cri de satisfaction à chaque carapace broyée. Nous, nous sommes couverts de giclures fusant de la tuerie. Le mal de mer, accentué par la puanteur ambiante, s'empare de Gilles. Un seul remède : poser son regard sur les cimes enneigées du volcan Osorno qu'on aperçoit au loin, et penser à des choses agréables comme le *lomo a la pobre* de Castro… Mais Jorge interrompt la méditation de Gilles en lui donnant un coup dans l'épaule : « *On fait un dur métier ; pas vrai, mon gars ?* »

Abuelito démêle les crustacés
pris dans le filet.

L'araignée de mer

Abondante autour de Chiloé, elle fait partie de la famille des crabes. Sa chair fine est un régal, sublimé par quelques gouttes de jus de citron. Il faut fournir beaucoup d'efforts non seulement pour la débusquer, à 100 mètres de profondeur, mais aussi pour la conditionner. En effet, les femmes de Tenaún décortiquent le crustacé à la main pour en extraire la précieuse chair.

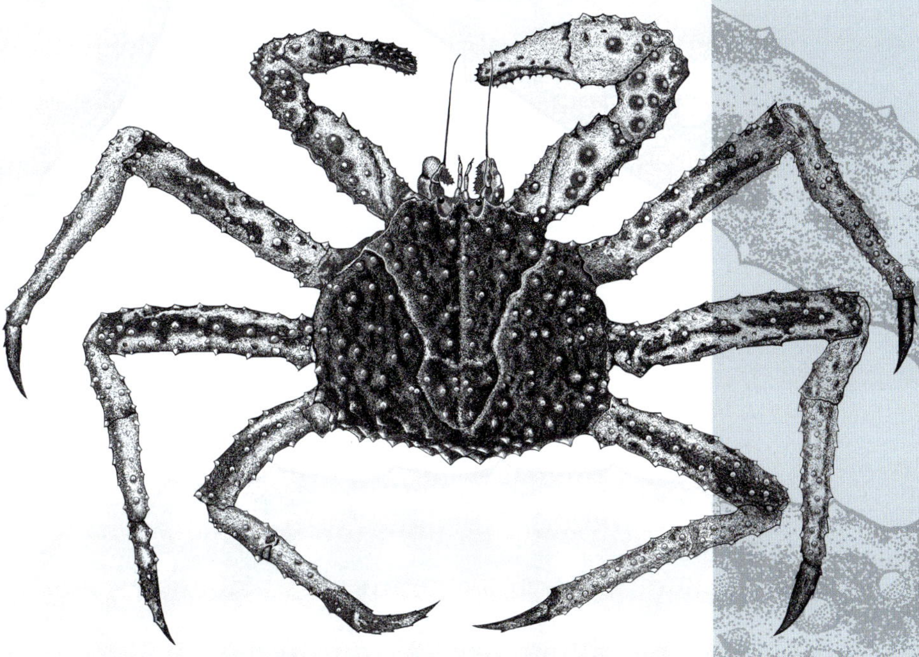

L'or rose

L'île de Chiloé, grâce à ses fjords aux eaux profondes et froides, est rapidement devenue le fief de l'industrie du saumon au Chili. L'essor vertigineux de l'élevage de ce poisson a placé le pays au deuxième rang des producteurs mondiaux [8].
Le conte de fées s'achève en 2007, quand l'épidémie due au virus ISA [9] affecte le poisson roi, ravageant une grande partie des fermes aquacoles. Les exportations chutent, des milliers d'emplois sont détruits.
La mauvaise gestion des élevages est mise en cause dans l'effondrement des stocks de certaines espèces de poissons sauvages.

Quellón, une ville fantôme de la Californie chilote, a connu la ruée vers l'or rose il y a une vingtaine d'années.

Sur un banc, un vieillard emmitouflé dans son ciré se réchauffe à grand renfort d'alcool fort.
À l'évocation du saumon, ses mâchoires se crispent : « *Je suis pêcheur ; j'ai même un bateau. Au début des élevages, j'étais content pour mes copains, car ils avaient tous un boulot. C'était dur, mais au moins, ils gagnaient un peu d'argent. Avec le temps, ces élevages ont pris de plus en plus de place dans l'archipel, et il m'a fallu aller toujours plus loin en mer pour remplir mes filets. L'eau est devenue trouble, souillée par les déjections de ces foutus saumons. C'est que ça chie, ces bêtes-là ! Et puis il y a eu les maladies... Les tonnes d'antibiotiques que les éleveurs ont balancées à la mer pour sauver leurs saumons ont tué les poissons sauvages. Nos poissons ! Il faut dire que nous, les pêcheurs, on n'a pas été capables de se regrouper pour se faire entendre par les politiques. Les industriels ont été plus malins, et là-haut à Santiago, on les a écoutés ! Beaucoup de parcs se sont déplacés vers le sud du pays, dans des eaux saines. Qui sait ? Peut-être que tout va rentrer dans l'ordre quand tout le monde sera parti... Allez, les gars, buvez un coup à ma santé et croisons les doigts !* »

[8] Derrière la Norvège.
[9] Anémie infectieuse du saumon.

Parcs à saumons au large de Dalcahue.
À gauche, on aperçoit la silhouette
du bateau-mère qui renferme
des tonnes de granulés destinés
à l'alimentation des poissons.

Le pêcheur de Quellón nous avait prévenus : entrer dans une ferme aquacole n'est pas une mince affaire.

Les éleveurs tiennent à rester discrets sur leur activité, ce qui ne facilite pas notre investigation sur l'industrie du saumon. Après une journée passée à guetter les petites embarcations qui font la navette entre les parcs, nous parvenons finalement à monter à bord d'un gros bateau-grue. Celui-là est en route pour assurer le changement des filets, comme tous les six mois, car il faut les nettoyer des algues et des déjections de poisson. Sur le pont, il fait un froid de loup. Chacun se réchauffe en avalant son bouillon de poulet. Il y a deux filets par bassin : un pour les loups de mer, et un pour les saumons. Sans le premier, les poissons se feraient vite dévorer. Les cages descendent à 50 mètres de profondeur. Quelques poissons y flottent, le ventre à l'air. D'autres sautent, à la recherche d'un peu d'espace. La plupart s'agitent frénétiquement, dans un ballet morbide. Un tuyau se met à cracher des petites perles. De nombreux goélands survolent la ferme et plongent sur les cadavres de saumon, comme des vautours. Certains profitent du gavage des poissons pour chaparder quelques granulés. Une odeur de charogne et d'excréments nous prend à la gorge.

L'ouvrier qui est monté à bord pour guider la grue se sent obligé de nous parler, voyant nos moues dubitatives.

– Ça, c'est leur repas. Il y a plein de vitamines là-dedans ! Pensez-vous, on a besoin de prendre des forces quand on vit les uns sur les autres ! C'est comme vivre au milieu de Santiago, quelle horreur ! commente-t-il, un bonnet en laine solidement arrimé sur son crâne.

– Et il y a combien de poissons, là-dessous ?
– Je dirais autour de 500 000. Des gardes veillent ici toute la nuit. C'est une vraie fortune qui nage dans ces cages.

– Et vous pensez que ce type d'élevage a des conséquences sur les poissons sauvages ?
– N'allez pas me dire que vous êtes des journalistes ! C'est assez indiscret, comme question. Il paraît que la pêche était mauvaise ces temps-ci, mais vous savez, ça va, ça vient. Au moins, grâce à la pisciculture, je fais vivre ma petite famille ! Regardez un peu par là, ce n'est pas la preuve qu'il y a encore du poisson sauvage, ça ?

L'ouvrier un peu agacé tend son doigt pour nous montrer des manchots qui nagent à toute vitesse.

– Bon, allez, il faut me laisser bosser, maintenant ; le patron me surveille. Prenez des photographies des loups de mer qui rôdent autour de nos parcs. Mais évitez de viser nos installations avec votre gros objectif : une caméra, ça tombe facilement à l'eau…

Les opérations reprennent sous les hurlements du contremaître qui manque de se faire assommer par la grue. Les filets doivent être remplacés avant la nuit et il n'y a pas de temps à perdre. Un bateau de pêche passe non loin de notre embarcation. Il klaxonne et sort de sa cabine pour nous saluer, tout sourire. Il vaut peut-être mieux pactiser avec l'ennemi quand celui-ci est trop puissant.

Le bateau pneumatique des vigiles qui surveillent les parcs à saumons.

Le parc à saumons

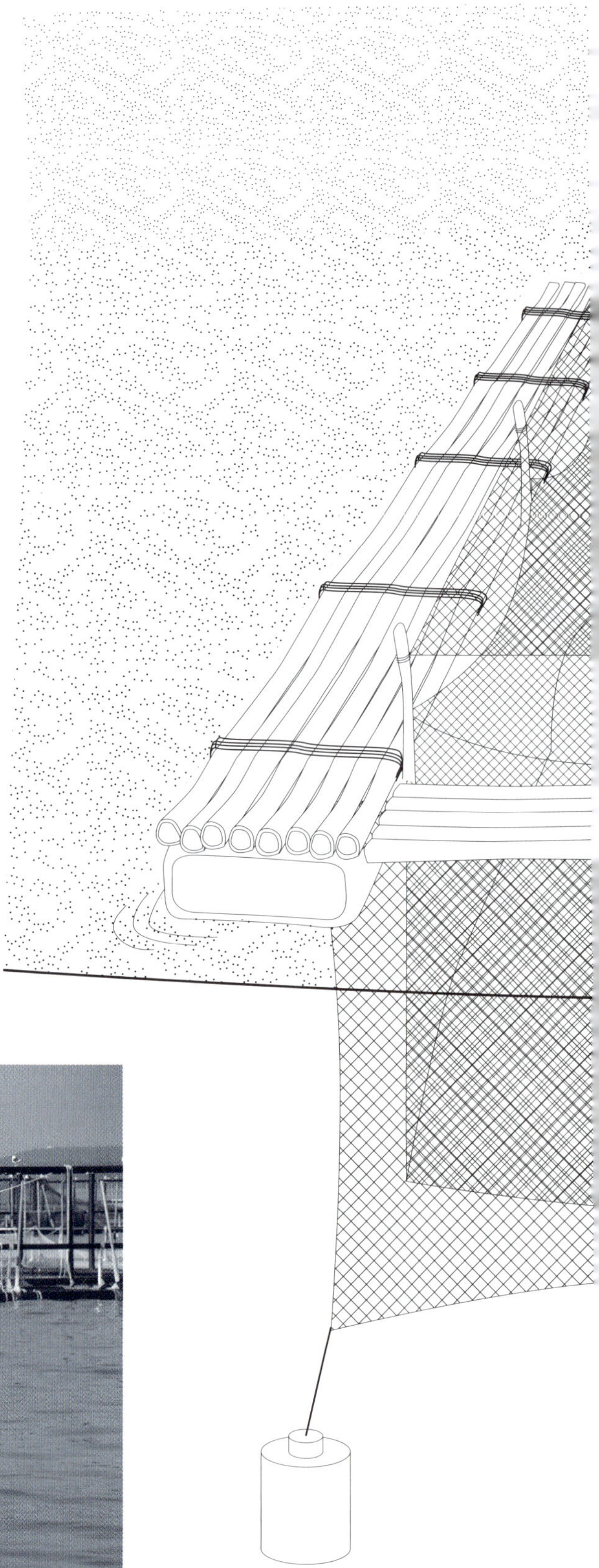

Le bassin avec ses deux filets : un pour les loups de mer, et un pour les saumons. Sans le premier, les poissons se feraient vite dévorer. Les cages descendent à 50 mètres de profondeur.

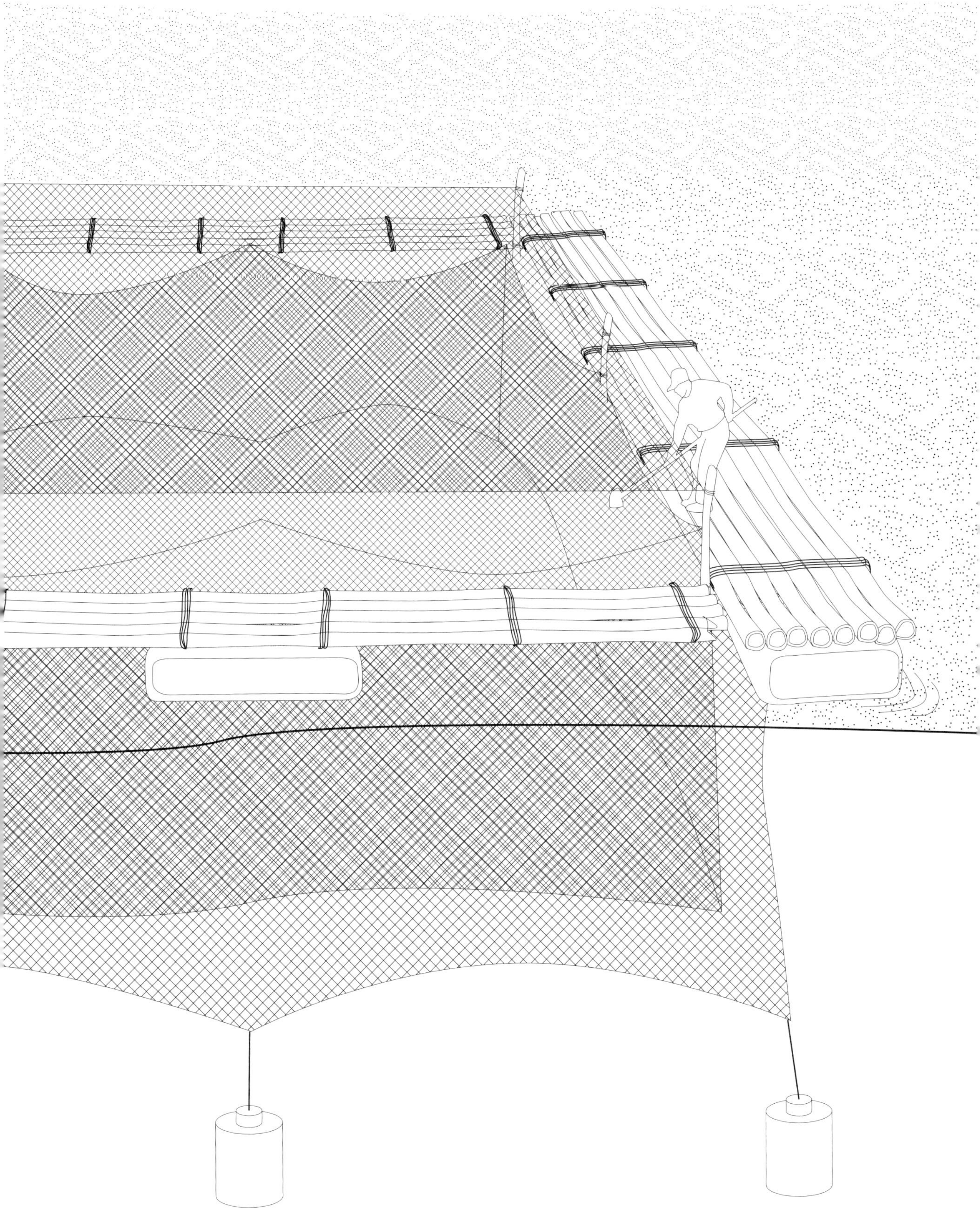

AMÉRIQUE DU SUD / Brésil / population : 200 millions • 3,5 millions de personnes dépendent (directement ou indirectement) de la pêche • production de poisson : 1,4 million de tonnes (plus des 2/3 en eau douce) • 100 % de pêcheurs artisanaux dans le Pantanal (pas de pêche industrielle) • 25 % des pêcheurs du Pantanal sont des femmes.

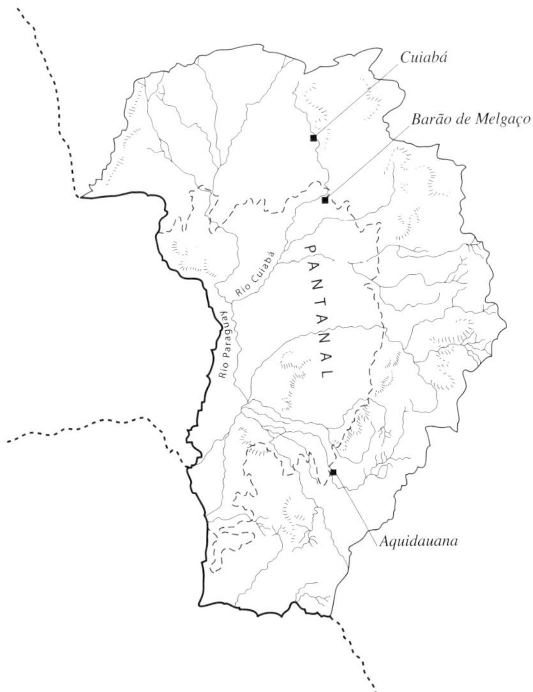

BRÉSIL

Le Pantanal est, au cœur de l'Amérique du Sud, à quelque 2 000 kilomètres des océans Atlantique et Pacifique, la plus grande zone humide du monde. Pourquoi donc se perdre dans ce labyrinthe végétal et aquatique ? Après plus de dix mois de voyage, le Brésil se présente à nous comme l'ultime opportunité de vivre aux côtés de pêcheurs « terriens », ceux dont le métier ne nécessite pas de plonger profond en apnée ou de construire des pirogues capables d'affronter les vagues. La nature est généreuse dans le sud-ouest du Brésil, et la biodiversité du Pantanal est exceptionnelle : près de 400 espèces de poissons et 650 d'oiseaux ! Les livres pour enfants racontent que le grand *ibijau,* oiseau nocturne au plumage beige et aux grands yeux noirs, est la métamorphose d'une jeune indigène souffrant d'un amour impossible. La nuit, ses cris portent bonheur aux hommes qui sillonnent les cours d'eau. Des poissons, des pêcheurs, des légendes... C'est plus qu'il n'en faut pour nous convaincre de lancer nos cannes à pêche dans les grands fleuves du Pantanal.

Pêche dans le Pantanal

Difficile de faire parler les pêcheurs d'Aquidauana, au sud du Pantanal. Ils ont bien trop l'habitude des touristes qui font une halte chez eux avant de rejoindre le Parque Nacional da Serra da Bodoquena[1]. C'est décidé, nous irons tenter de percer les secrets de la pêche des Pantaneiros par le nord. Là-bas, les pêcheurs sont bavards et les poissons nagent encore en nombre, rapporte la rumeur !
Un routier charitable nous conduit au sud de Cuiabá, où des ouvriers s'activent dans la fournaise. Lui aussi va à Barão de Melgaço, au bout d'un cul-de-sac de 50 kilomètres ! « *Pourquoi donc se perdre à Barão ? Moi, je vais livrer ma cargaison de Skol, la meilleure bière du Brésil, mais vous ? Il n'y a rien à faire là-bas ! Des* jacarés[2]*, des rapaces, des poissons et des pêcheurs isolés...* » Rien, dit-il ? Barão de Melgaço ! La route a disparu, et désormais, seul un chemin de terre permet de s'enfoncer dans le Pantanal. « *Si vous voulez voir des pêcheurs, jeunes fous, suivez ce chemin qui longe la rivière Cuiabá* », lance le livreur en déchargeant son premier carton. Nous pénétrons dans la forêt, couverts de poussière. Ce qui est presque une bénédiction car les moustiques sont agressifs ! L'eau des marigots semble bouillir tant les poissons s'agitent. Il faut lancer une ligne à l'eau. Un *traíra* mord au premier lancer et le leurre est déchiqueté : ce poisson possède un palais parsemé de dents pointues et une mâchoire très développée.

Le temps de monter une nouvelle ligne, deux yeux globuleux sortent de l'eau boueuse. Un jacaré *! Et là, un autre !*

[1] Un trésor naturel du Brésil, avec des lacs sans fond et des poissons qui nagent dans l'eau la plus limpide du monde.
[2] Caïmans.

Sur la rivière Cuiabá, une des grandes artères du Pantanal.

Des dizaines de ces reptiles sont camouflés dans les algues, indifférents à notre présence ; du moins, nous l'espérons.

En reprenant notre chemin, nous croisons un homme à dos de cheval, au milieu d'un troupeau de zébus. Il a fière allure avec sa moustache et son gilet en cuir. « *Olá! Y a-t-il des pêcheurs dans le coin ?* » Il répond d'un bref : « *Sim*[3]. » Pas bavard, l'ami.
Une dizaine de kilomètres plus loin, la forêt devient clairsemée. Un hameau désert : une église sans clocher, des petites maisons peintes en bleu et blanc où un vieux cheval a élu domicile, et une barque en bon état. Un homme surgit de nulle part. Trapu, les pieds couverts d'une gangue de corne, il nous observe avec inquiétude. L'échange est compliqué, mais il comprend que nous sommes intéressés par la pêche. Nous le suivons en silence : il attrape une pagaie dans une cabane et nous indique son embarcation. « *Nous allons pêcher ?* » demandons-nous sans vraiment comprendre ce qu'il propose. « *Non ! Vous allez pêcher.* » Sans attendre notre réponse, il se volatilise. Plutôt farouche !

[3] « Oui », en portugais.

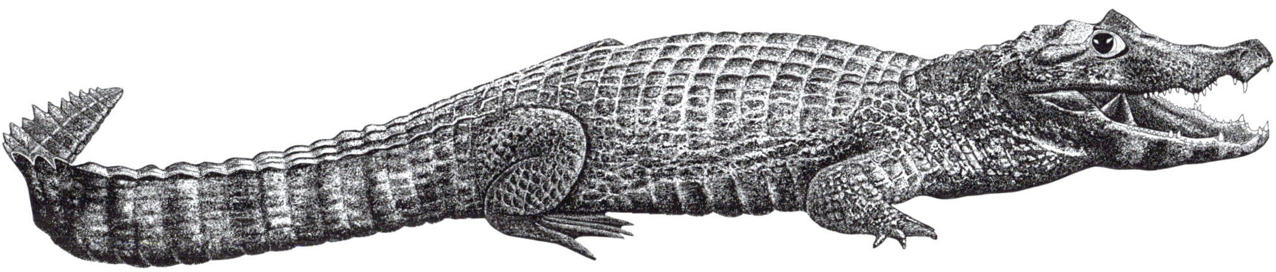

À l'aube, nos lignes sont à l'eau. Il n'y a plus qu'à se laisser porter par le courant de la rivière et à s'en remettre à notre bonne étoile ! Nous repensons à notre semaine sur une pirogue en Thaïlande. Pourvu que la Cuiabá soit aussi généreuse que la Kra Buri ! Notre première rencontre est… morte. Un *jacaré* flotte, les quatre pattes en l'air. Il se fait becqueter le ventre par trois charognards. Alors que nous passons à l'ombre de gros feuillus, les premiers piranhas mordent à l'hameçon. Les gloutons ont coupé nos bas de ligne en acier avec leurs dents acérées et pointues comme des aiguilles. Mieux vaut ne pas laisser traîner ses doigts ! Nous remplissons un seau entier de piranhas *sachicanga* et à ventre rouge. Lassés de ces prédateurs qui font peur à la terre entière, nous rêvons de pêcher un *pacu*. Sur le marché de Barão, nous avons vu un homme avec deux de ces énormes poissons. Ils ont le ventre large et une petite bouche aux dents arrondies. Comment vivre sans dents acérées dans des eaux infestées de prédateurs ?

Enfin ! Dix bateaux, dix pêcheurs ! Sur des pirogues fines, ils remontent eux aussi des piranhas avec leurs mains. « *Bonjour les amis ! Vous avez beaucoup de poissons ?* » Pas de réponse. Que peuvent-ils bien penser en nous voyant sur leur rivière ? Peut-être s'agacent-ils de voir des touristes chez eux, à moins qu'ils ne se moquent de notre matériel de pêche moderne. Nous glissons lentement, portés par le courant. Soudain, un couple de loutres géantes s'agite dans un méandre. Nous sommes sur leur territoire, et elles ne sont pas enchantées. Elles sifflent, nous montrant leurs dents grandes comme des couteaux. Ces animaux sont énormes : lorsqu'ils sortent leur buste de l'eau pour mieux nous impressionner, nous constatons qu'ils sont plus grands que nous ! Décidément, l'accueil n'est pas celui que nous espérions.

La canne à pêche de Gilles manque de tomber à l'eau. C'est une grosse bête, aucun doute ! Bon sang, la ligne va craquer ! Par deux fois, nous manquons de passer par-dessus bord. Un pêcheur s'approche, alerté par notre maladresse. « *Dourado! Dourado!* » hurle-t-il. On comprend mieux pourquoi nous peinons tant à remonter la bête. Le *dourado* [4] est un des poissons préférés des pêcheurs sportifs de par le monde. Il peut peser jusqu'à 25 kilos et mesurer 1 mètre, et s'il ressemble un peu au saumon, il est bien plus musclé que son congénère chilote : un vrai combattant qui ne s'avoue jamais vaincu ! Et pourtant, celui-là finira dans notre barque, assommé par un violent coup de bâton sur la tête porté par le pêcheur qui nous a assistés pendant la bataille. « *Une canne en plastique ?! Je me demande bien comment vous avez réussi à remonter un dourado avec cette merde ! Montrez-moi ça, que j'essaye !* » L'homme secoue la canne, la caresse, tire sur notre fil. Il nous tend sa tige en bambou pour que nous puissions en faire autant et comparer.

[4] *Salminus brasiliensis.*

Capture d'un *dourado*, un des poissons emblématiques du Pantanal, à l'aide d'un leurre rigide. À gauche, un rassemblement de pêcheurs à la ligne sur la rivière Cuiabá.

– Alors, il y a encore beaucoup de poisson ici, on dirait ?
– On pêche suffisamment pour faire de bons repas, mais un jour, les poissons ne seront plus là. Il y a de plus en plus de pêcheurs, et ça, c'est mauvais. Regardez le type là-bas, il installe un espinel *: c'est une ligne posée en travers de la rivière avec au moins 30 hameçons. Un vrai carnage, il ne respecte pas la Cuiabá, cet imbécile !*

– Et vous ? Vous pêchez avec quoi ?
– Vous l'avez dans les mains ! Une bonne canne en bambou ! Bon les amis, vous m'offrez la moitié du poisson ? Vous ne l'auriez pas eu sans mon aide !

Il tranche le poisson avec son couteau, nous donne la tête et reprend son activité.

Le soleil se couche, il faut faire demi-tour. Seulement, le courant est trop fort, et avec une seule pagaie, impossible d'avancer. Gilles rentre à pied avec les prises du jour et Guillaume remonte seul la rivière, à contre-courant.
Dans l'obscurité, le petit homme aux pieds cornus est adossé au mur d'une maison. « Caldo de piranha[5], *goûtez !* » dit le mystérieux bonhomme en tendant à Guillaume son écuelle fumante. « *Ma femme a cuisiné ça il y a une heure, avec les poissons que ton ami m'a donnés. Vous avez bien pêché, pour des touristes !* » ajoute-t-il, dévoilant enfin son sourire. Peut-être faut-il apporter la preuve de ses talents de pêcheur pour dérider les Pantaneiros ?

[5] « Bouillon de piranha », en portugais.

Ci-dessous, une loutre géante. Cet animal vit en groupe dans les marais du Pantanal où il ne craint aucun des grands prédateurs comme le caïman ou l'anaconda. L'homme constitue sa menace principale : de nombreux braconniers continuent à chasser les loutres pour leur belle fourrure.

Pêche sur la rivière Cuiabá :
dourados *et piranhas*
à profusion.

Un pêcheur se rendant au marché de Poconé pour vendre son *pacu* et sa brochette de piranhas.

Le piranha

La plupart des piranhas sont des prédateurs, munis de dents aiguisées. Moins féroces que leur réputation le laisse penser, ils peuvent tout de même détecter la présence de sang dans l'eau à plusieurs dizaines de mètres. Dépassant rarement 30 centimètres, ils chassent en groupe, ce qui leur permet d'attaquer des proies de grande taille. Leur chair est appréciée des connaisseurs mais pleine d'arêtes. « *Le mieux, c'est de les manger en soupe, avec de la tomate et du poivron. Un délice !* » nous confirme un pêcheur de la rivière Cuiabá.

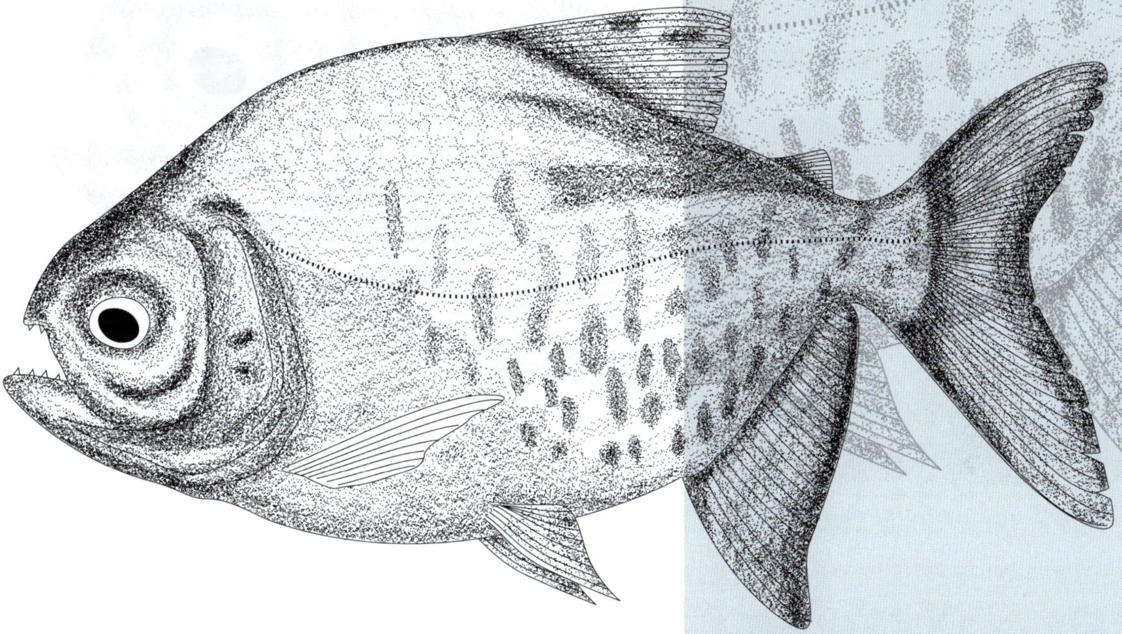

Thomaz Lipparelli, scientifique engagé

Dans le salon confortable d'une maison cossue de Campo Grande, un vieux médecin français nous présente Thomaz Lipparelli comme « le héros brésilien de l'écologie », tandis qu'un domestique nous sert un café à la turque dans des petites tasses de porcelaine blanche.

Ce chercheur brésilien, en publiant sur l'effondrement de la pêche au Pantanal, a jeté un gros pavé dans la mare. Une mare aux effluves fétides de corruption, de court-termisme et de déni de la réalité. Avant de commencer son exposé, Thomaz Lipparelli nous serre le bras et déclare : « *Mes amis, je vais vous dévoiler dans le détail le scénario d'un drame écologique méconnu. Je compte sur vous pour en parler dans le livre que vous écrirez.* »

Le Pantanal, rappelons-le, est la plus grande zone humide du monde. Jusqu'aux années 1950, la région est restée à l'écart du développement économique. Pensez que les aventures de l'ethnologue Lévi-Strauss chez les Bororos du Mato Grosso datent des années 1930 ! La conquête de l'ouest brésilien a fait exploser la population autour du Pantanal. On déboise pour cultiver la terre, on creuse des trous à la recherche de minerais, et on pêche. Les eaux de cette zone immense sont d'une richesse incroyable. La pêche est si miraculeuse que le nombre de bateaux naviguant sur les rivières explose. Les ressources halieutiques ne sont pas régulées : c'est un pillage à grande échelle. Les autorités comparent d'ailleurs la pêche à l'exploitation minière, car on vide les cours d'eau sans jamais penser au renouvellement des stocks. En 1980, un pêcheur capturait en moyenne 300 kilos de poisson par jour. Aujourd'hui, on est tombé à 10 kilos.

Le professeur Lipparelli n'est pas surpris quand nous lui parlons des longues journées passées sur les rivières Miranda et Aquidauana où pas un poisson n'a mordu.

Page de gauche, un curimba dans les eaux de Bonito. À droite, un piranha.

« Je me suis fait virer de mon poste dans l'Administration pour avoir dit haut et fort que le Pantanal était menacé de mort.

Mais je m'en fous, car ma parole est libre maintenant, et je continuerai à dénoncer cette alliance des politiques et des chercheurs qui se mettent la tête dans le sable. Ils ont essayé d'acheter mon silence, ces fumiers, mais on ne m'achète pas avec une carte de crédit », assène Thomaz Lipparelli, qui peine à reprendre son souffle après sa tirade. Les solutions proposées par les autorités font fulminer le chercheur. « *Une restriction de la pêche pendant la période de reproduction. C'est tout ce qu'ils proposent alors que dans dix ans, les poissons auront totalement disparu de nos rivières. Je pense que la seule issue, radicale, j'en conviens, est d'interdire la pêche pendant une longue période, cinq ans au moins. Il faut du temps pour que la nature cicatrise.* » Comment surveiller une zone aussi vaste et difficile d'accès ? Quel avenir pour les pêcheurs ?

Sonnerie de téléphone. Thomaz Lipparelli doit nous quitter car on l'attend en tête du cortège qui va défiler aujourd'hui dans les rues de la ville. « *La société brésilienne sort de sa léthargie. Les dirigeants de notre pays vont devoir rendre des comptes. Je suis optimiste. N'oubliez pas de mentionner le Pantanal dans votre livre, surtout.* Adeus[6] *!* » On entend au loin la clameur de la foule, tandis que le domestique nous sert des *brigadeiros*[7], ces petites confiseries au chocolat dont raffolent les Brésiliens. « *Sacré personnage !* » lâche, admiratif, le médecin français. Mais où Thomaz Lipparelli puise-t-il la force avec laquelle il affronte les vents contraires et les politiciens véreux ? La citation jointe à la signature de ses courriels apporte peut-être un début de réponse : « *La diminution dramatique de la biodiversité du monde est la chose que les générations futures nous pardonneront le moins*[8]. »

[6] « Au revoir », en portugais.
[7] « Brigadiers », en portugais.
[8] D'après Edward O. Wilson, célèbre biologiste américain.

Le soleil se couche sur le fleuve Paraguay. À droite, le chargement du bateau-cargo *Aquidaban*, au port fluvial de Concepción (Paraguay).

En remontant le río Paraguay

Pour atteindre le Brésil, nous avions embarqué à bord de l'*Aquidaban,* un vieux navire bringuebalant qui, une fois par semaine, remonte le cours du río Paraguay ; c'est le seul bateau de grande taille dans le port fluvial de Concepción, au Paraguay. *« Revenez demain matin, à l'aube, pour le départ. Il n'y a pas de cabine sur le bateau, mais on peut toujours trouver un petit coin sur le pont, entre les marchandises »*, nous a dit un homme informé. Une grande effervescence règne alors autour de ce véritable supermarché flottant, qui est chargé à dos d'homme.

Dans la fraîcheur matinale, deux hommes montent la garde devant l'*Aquidaban.* Ils nous expliquent que le chargement a pris du retard et que le départ est reporté au lendemain. « *Vous aimez la pêche ?* ose l'un d'eux, voyant les cannes qui dépassent de nos sacs. *Je connais un type qui peut vous emmener sur le fleuve. Il s'appelle Francisco.* »

« Hola! gringos[9], *lâche Francisco, debout dans sa petite embarcation à moteur. Juanito m'a parlé de vous. Embarquez !* »

Le pilotage de la barque est difficile : il faut se faufiler entre les troncs d'arbres et les paquets de plantes aquatiques ; notre guide nous raconte que le fleuve a connu une crue terrible la semaine précédente. Francisco nous mène chez lui, sur une île posée au milieu du cours d'eau. Le jardin devant sa bicoque est inondé. « *C'est très pratique pour capturer les appâts qu'il nous faut* », commente-t-il. Trois sifflements plus tard, ses enfants rappliquent. À l'aide d'un filet à mailles fines, ils attrapent les alevins dont nous avons besoin. « *Ils sont bien élevés, pas vrai ?* »

[9] « Salut, les gringos ! » en espagnol.

Alors que nous remontons le fleuve vers le nord, Francisco nous parle de son métier. Il est connu dans toute la région pour savoir débusquer les *pacus,* mais il préfère les caïmans. « *Il faut ruser, avec ces bestiaux. Je les attrape au collet, en mettant un bout de viande fraîche pour les attirer. Ma femme veut que j'arrête depuis qu'un vicieux m'a arraché un doigt. Pas question !* » Nous lançons nos lignes dans une zone marécageuse. Deux ou trois touches, mais rien de concluant. Francisco, très bavard, confirme par l'exemple ce que nous dira le professeur Lipparelli : le poisson se fait rare, et il faut s'enfoncer profondément dans le Pantanal pour capturer de belles prises. Le pêcheur sort sa botte secrète : un épervier. Il lance le filet censé piéger les poissons quand on le referme sous l'eau à l'aide d'une corde coulissante. Pourtant, le soleil décline dangereusement, et il faut se résoudre à rentrer bredouilles.
« *Je vais vous montrer mon trésor* », chuchote le pêcheur en nous indiquant sa maison. Au milieu du salon en terre battue trône fièrement un congélateur. Il est rempli de queues de caïman, de piranhas, de *dourados,* de *pintados,* de *pacus* et de toutes sortes de poissons aux noms exotiques. « *Les malins comme moi arrivent toujours à attraper quelque chose* », se vante Francisco.

Les enfants de Francisco pêchent pour leur père des alevins dans le jardin inondé de la maison.

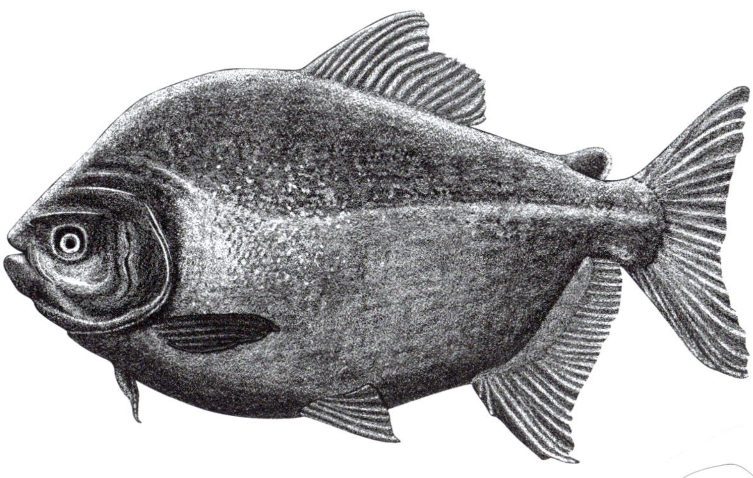

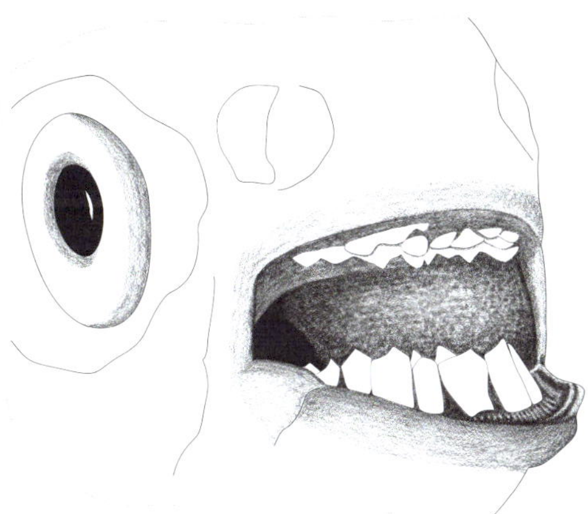

À gauche, démonstration spectaculaire mais peu fructueuse de pêche à l'épervier.
Ci-dessus, un *pacu*.

L'embarquement dans l'*Aquidaban* est chaotique. Les hommes jouent des coudes, les enfants se faufilent et les femmes ne bénéficient d'aucune galanterie. Pourquoi tant d'empressement alors que le trajet va durer des jours ? « *Les premiers arrivés ont une couchette ou de l'espace pour installer un hamac. Les autres sont condamnés à trouver de la place sur le pont entre les caisses de bière et les sacs de farine* », nous explique avec pédagogie le capitaine. La corne de brume retentit pour appeler les retardataires. Le bateau s'ébranle péniblement en craquant de toutes parts. Quelques badauds sur le quai agitent des mouchoirs. À bord, le temps s'égrène lentement et les déplacements sont limités, car chacun tient à ne pas se faire voler son petit espace.

À la nuit tombée, l'ambiance se réchauffe sur le pont. Des soldats de la marine paraguayenne [10] regagnent leur poste à Valle Mi. De retour de permission, ils sont d'humeur morose ; à voir leurs mines déconfites, on doit s'ennuyer ferme sur la base militaire. Nous sortons deux bouteilles de rhum ambré de nos sacs. « *On vous aime, les* gringos *!* » chantent les marins en chœur. Autour d'un petit poste de radio qui crache de la *cumbia,* le précieux élixir circule de main en main. Qu'il fait du bien, ce rhum, alors qu'un vent fort se lève ! Pedro, un peu moins ivre que les autres, nous explique pourquoi les Paraguayens ne s'entendent pas avec leurs voisins argentins ou brésiliens.

« *Ça remonte au XIXe siècle. Il y a eu une guerre terrible, la guerre de la Triple Alliance, au cours de laquelle nos soldats ont combattu ceux du Brésil, de l'Argentine et de l'Uruguay réunis. Nous avons perdu une grosse partie de notre territoire et beaucoup d'hommes. Nous avons été humiliés, et l'Histoire ne nous a malheureusement jamais accordé de revanche* », raconte le militaire avant d'avaler une lampée de rhum.

L'*Aquidaban* s'arrête à plusieurs reprises pendant la nuit pour approvisionner des estancias isolées ou des villages d'Indiens Guaranis : le dispositif est bien rodé, les liasses de billets s'échangent en silence tandis que les soldats éclusent tout le rhum qu'ils trouvent.

« *Toma, amigo* [11] ! » dit Pedro en appuyant sa gourde sur le visage de Gilles qui dormait. « *C'est du* tereré. » Le Français avale quelques gorgées du breuvage rafraîchissant, une infusion froide de maté que les Paraguayens sirotent toute la journée. Le soleil est maintenant voilé par une épaisse poussière blanche : le bateau est amarré devant une usine de chaux. Une ribambelle d'enfants jouent sur des tas de cendres pendant que l'on vide une partie de la cale. Quelques hommes qui portent un revolver à la ceinture nous dévisagent. Dans quel mauvais rêve sommes-nous ? Pedro remplit sa gourde avec l'eau brune du fleuve et sourit quand il voit la moue de Gilles.

[10] On notera que le Paraguay, pays enclavé, dispose d'une marine !

[11] « Bois, mon ami ! » en espagnol.

Les derniers préparatifs avant le départ. Ci-dessous, l'intérieur plein à craquer de l'*Aquidaban* et un enfant qui pêche à la traîne avec notre canne.

Un coup de corne de brume et le moteur ronronne de nouveau. Une vieille femme nous vend à prix d'or des bananes et des escalopes milanaises desséchées. Nous créons l'événement quand nous lançons nos lignes à l'arrière du bateau pour pêcher à la traîne ; les plaisanteries fusent, car nos leurres sophistiqués n'attrapent que des branches.
En fin de nuit, l'*Aquidaban* nous dépose sur Isla Margarita. Nous traversons un bras du fleuve sur une barque et nous voilà à Porto Murtinho, au Brésil.

Nous croyons avoir fait le plus dur !

Difficile de trouver sa place
sur le pont de l'*Aquidaban*.

Chaque escale est un événement et les vendeurs ambulants se précipitent sur le bateau pour vendre du maté, du rhum ou des bananes.

Frontières

« *Impossible d'avoir un tampon d'entrée au Brésil à Porto Murtinho*, nous répète l'officier de police. *Mais qu'est-ce que vous êtes venus foutre ici ?* » ajoute-t-il en secouant la tête. Nous devons aller à Campo Grande pour régulariser notre situation, à 500 kilomètres d'ici. Trois jours à lever le pouce au bord de routes désertes et nous voilà, confiants, au poste de police de la capitale du Mato Grosso do Sul. La mine méfiante des policiers nous prépare à la terrible nouvelle : il faut quitter le pays. Une déportation ! Notre chemin de croix continue jusqu'à Corumbá, à la frontière bolivienne. Il est près de minuit quand le bus s'immobilise. La ville est réputée dangereuse, car beaucoup de drogue y transite. Sotilios, un sans-abri d'origine grecque, nous aborde : il parle français. Il nous explique qu'il est à la rue depuis qu'il ne perçoit plus sa pension de l'État grec ; il a échoué sur les rives du río Paraguay, on ne sait trop comment. L'homme comprend tout de suite la nature de notre problème.

« Retrouvez-moi demain à huit heures devant la boulangerie, au coin de cette rue. Je connais beaucoup de gens. »

Il s'évanouit dans l'obscurité de Corumbá, aussi mystérieusement qu'il était apparu. Le lendemain, le Grec avale goulûment un pain au chocolat dans le taxi qui nous mène au poste-frontière. La partie s'annonce serrée. Plusieurs dizaines de Boliviens attendent devant la guérite. Nous sommes peu rassurés de voir le sans-abri partir avec nos passeports. Quelques minutes s'écoulent. Sommes-nous inconscients d'accorder notre confiance à ce type un peu louche ? Enfin, un homme en uniforme nous fait signe d'approcher : il nous toise un long moment et appose les deux tampons tant espérés : ils sont si beaux ! Nous invitons notre sauveur au restaurant. Au dessert, Guillaume lui demande comment il s'y est pris pour obtenir cette faveur des policiers. « *Je ne vous dévoile pas mes petits secrets ; il vaut mieux ne pas savoir, parfois* », murmure l'énigmatique Sotilios en plissant ses yeux de chat.

Heureux qui comme les Pêcheurs autour du monde a fait un beau voyage...

Qu'elle paraît lointaine notre vie de globe-pêcheurs ! À se demander parfois si nous avons bien fait ce voyage. Mais voilà qu'en se rasant le matin ou dans une rame de métro les souvenirs refont surface. Dans le désordre, les plus insignifiants comme les plus mémorables. Dans le jour naissant, deux girafes qui traversaient en courant la piste rouge, quelques mètres devant nous, comme deux danseuses effarouchées par des visiteurs indiscrets. Ce chant malgache vibrant de mélancolie que Rero entonnait pour nous donner du cœur à l'ouvrage alors que la tempête faisait rage. Ponnilaï, cette femme indienne qui vendait du thé et se joignait les mains pour nous supplier de rester encore un peu dans sa gargote pour rencontrer sa fille. Des milliers de sourires, de mains tendues et quelques larmes séchées par le soleil des tropiques. On ne rentre pas indemne d'un tel voyage et il faut du temps pour en percevoir les empreintes. Une fois l'excitation du retour au bercail passée, les proches se lassent vite des récits de voyage. Et puis, l'envie de reprendre la vie là où on l'avait laissée conduit à enfermer cette aventure dans un recoin de notre mémoire...

Jusqu'à l'écriture de ce livre qui a été une période exaltante, un ultime défi avant de remiser (temporairement !) nos leurres et nos hameçons de globe-pêcheurs. Nous avons d'abord eu peur de nous perdre dans le détail, dans l'anecdote. Puis l'envie de partager ces pépites, ces fragments de vie l'a emporté. Pour ne pas oublier ni déformer nos souvenirs ; pour donner vie à tous ces hommes et femmes que nous avons croisés en chemin ; pour donner envie au lecteur de larguer les amarres. Reste un travail d'introspection pour répondre à la sempiternelle question : le voyage nous a-t-il vraiment transformés ? Nos proches l'affirment : plus barbus, bien sûr, plus curieux, plus fous, peut-être ?

L'ambition de notre projet a été de donner la parole aux pêcheurs. Ils sont les héros ordinaires de cet ouvrage. Qu'ont à nous dire Rachidine, Jorge, Tot et tous les autres, sur leur vie, leurs espoirs, notre planète ?

L'hospitalité, doublée du désir de transmettre, est une valeur centrale dans les villages que nous avons traversés. La cérémonie des chefs à Pulau Bungin... L'alcool de pois chiche (un vrai tord-boyaux) partagé à l'abri d'une cabane de tôle avec Steve sur l'île de Mfangano. Et cette mamma à Mitsio qui voulait tant nous apprendre à danser aussi bien que son fils Rachidine...

Dans quel état sont les mers et rivières que sillonnent nos amis pêcheurs ? Quel avenir pour la relève, les jeunes comme Mounsif et Abasi ? Les mers, lacs et rivières souffrent de surpêche. Le constat est implacable. Du canal du Mozambique au Pantanal, en passant par le lac Victoria, les hommes puisent trop nombreux dans les ressources, utilisent des techniques destructrices dans des écosystèmes fragilisés par de nombreuses pollutions. Ils en sont le plus souvent conscients mais que faire, sinon aller toujours plus loin en mer pour vivre de leur métier ? Heureusement, il y a l'humour de Sahayam, un pêcheur indien de Kanyakumari : « *Faut pas s'inquiéter, mes amis, de voir plus de plastique que de poissons dans nos filets. Je parie qu'un jour, on trouvera le moyen de le manger !* »

Partout, des solutions émergent pour éviter que les océans ne meurent et pour que les pêcheurs puissent continuer à vivre dignement de leur activité. Souvent, ils se rassemblent et, grâce à l'appui d'ONG ou de scientifiques, surmontent leurs difficultés. Reste à convaincre les gouvernants de ces pays en voie de développement de l'urgence de la mise en place de véritables politiques de protection des ressources et de soutien aux millions de pêcheurs artisanaux. Assurément, les défis à relever seront moins menaçants en parlant d'une seule voix.

Pêcheurs de tous les pays, unissez-vous !

Une dernière histoire, ou plutôt un message à l'attention des lecteurs de ce livre, dicté par Tison, l'étoile montante de la politique sur l'île de Bungin, en Indonésie : « *Bonjour. J'ai beaucoup entendu parler de votre pays, la France. Avec ses grandes villes et la liberté qui y règne. Avec ses pêcheurs et des poissons étranges dont j'ai oublié le nom. Je rêve de pouvoir y voyager, un jour. Mais pour ça, il va falloir que la pêche soit miraculeuse ! En attendant, je vous invite tous à visiter mon île, Pulau Bungin. C'est sale et il y fait chaud ; mais nous avons le cœur assez grand pour en partager un peu avec les étrangers de passage.* »

Les coulisses du voyage

Et pourquoi pas nous ? Les grands voyages, l'aventure, ça n'arrive pas qu'aux autres. Mais avant de partir, quelques points de passage incontournables dans la préparation d'un voyage autour du monde.

L'équipe

Enfonçons des portes ouvertes, mais il est bon de le répéter : passer un an à voyager dans des conditions parfois difficiles implique une **entente (quasi) parfaite** avec son partenaire. Ça tombe bien, nous nous connaissons de longue date et sommes très complémentaires, dans les styles de pêche comme dans les langues parlées.

Les vaccins

La trousse médicale. On entre dans le vif du sujet. Les vaccins comme celui contre la **fièvre jaune** ou l'**hépatite A** sont indispensables pour voyager sereinement dans les pays du Sud : les centres de vaccinations internationales présents sur tout le territoire français sont pleins de ressources à ce sujet. Surtout, nous avons chargé dans nos sacs à dos une trousse de secours bien garnie : antibiotiques, désinfectant, matériel pour soigner les plaies…

Le choix des pays

Ça y est, le voyage commence avec de longues plongées dans les **atlas** et dans des **documentaires** sur Arte. La pêche est pratiquée dans la plupart des pays de la planète, donc nous laissons libre cours à nos envies tout en tâchant de garder une certaine cohérence dans le parcours, de veiller à découvrir des techniques de pêche insolites, et d'éviter les « mauvaises » saisons. Des billets « tour du monde » existent à des prix relativement abordables, à bon entendeur !

Le sac à dos

Cruel dilemme : quels livres emporter dans nos sacs à dos de 70 litres, qui débordent déjà de moulinets, masques de plongée et autres leurres bigarrés ?
Le Vieil Homme et la mer d'Ernest Hemingway, bien sûr, pour se préparer au frisson du gros poisson. *Moby Dick*, aussi, pour mieux comprendre les chasseurs de baleines de Lamalera. Le classique *Tristes Tropiques* de Claude Lévi-Strauss que tout aspirant ethnologue en culottes courtes se doit d'avoir étudié. Et puis quelques ouvrages pour mieux comprendre l'histoire, la culture des pays où nous séjournons : le magnifique *Ébène* du reporter polonais Ryszard Kapuscinski sur l'Afrique ou encore le fiévreux *Parias* de Pascal Bruckner sur une Inde qui rend fous ses visiteurs occidentaux. Le temps s'écoule doucement lors d'un voyage au long cours : il est donc vital d'avoir de bonnes lectures et un petit carnet en moleskine où l'on consigne méthodiquement techniques de pêche et pensées vagabondes (indispensable pour l'écriture de ce livre !).

L'argent

Nous avons eu la chance de trouver des soutiens (institutions publiques, entreprises privées…) qui ont cru en notre projet et ont jugé pertinent de contribuer à sa réussite par des dons financiers ou matériels. Notre principal engagement envers nos **partenaires** relevait de la communication : témoigner de la vie des pêcheurs dans le monde et de la situation de la pêche traditionnelle à travers photographies, vidéos et récits, en assurant aussi une bonne couverture médiatique. Nous avons ainsi travaillé avec une **école primaire** et une **école d'ingénieurs** sur différentes thématiques liées à notre voyage, comme l'environnement ou les politiques de pêche. Mais également écrit des articles pour le magazine ***La Pêche et les poissons*** et pour le **ministère de l'Écologie**. Loin d'être une corvée ou de nuire à notre voyage, les relations avec nos partenaires entraient pleinement dans la logique de notre projet : faire parler aussi largement que possible des pêcheurs traditionnels. De plus, ces multiples partenariats nous ont conduits à faire des rencontres intéressantes : des directeurs d'ONG au Kenya, des scientifiques au Brésil ou en Inde… dans le but de dresser un panorama complet de l'état de la pêche dans les pays du Sud.

Pour aller plus loin

Des articles, des rapports sur la pêche à découvrir :

Madagascar

Sur **Ivovona** comme village exemplaire dans sa gestion de la pêche, lire l'article de Conservation International, une organisation américaine à but non lucratif. http://www.conservation.org/global/madagascar/Pages/ivovona.aspx

Tanzanie

Sur la **pêche traditionnelle au poulpe**, lire le rapport de Martin Guard : « Biology and fisheries status of octopus in the Western Indian Ocean and the Suitability for marine stewardship council certification » (juin 2009). http://www.unep.ch

Kenya

Sur la **perche du Nil** au lac Victoria, voir le documentaire *Le Cauchemar de Darwin* d'Hubert Sauper (2004).

Inde

Sur l'**écotourisme** comme lutte contre la pollution et la dégradation des ressources marines, lire le rapport du professeur Poyyamoli : « Marine Ecotourism for sustainable development in the third world - Potentials and constraints ». http://papyrus.uqtr.ca/ojs/index.php/tourter/article/download/47/19

Thaïlande

Sur les **conditions de travail** des pêcheurs immigrés au large de la Thaïlande, lire l'article publié dans *The Guardian* (11 juin 2014). http://www.theguardian.com/global-development/2014/jun/11/us-blacklist-thailand-prawn-trade-slavery-revelations

Indonésie

Sur les traditions des **chasseurs de baleines** de Lamalera, lire le rapport de Lisa Kusuma Mustika, biologiste indonésienne : « Marine mammals in the Savu Sea (Indonesia): Indigenous knowledge, threat analysis and management option » (2006). http://researchonline.jcu.edu.au/2064/2/02whole.pdf

Chili

Sur les conséquences de l'**élevage du saumon** au Chili, lire l'article d'Hector Kol, biologiste chilien, publié dans *Global* (15 février 2014). http://www.globalmagazine.info/rebuts-de-presse/2014/02/16/lor-rose-en-chute-libre-1392461844

Brésil

Sur les **dégâts causés par l'homme** dans la région du Pantanal, lire l'article de Mick Brown publié dans *The Telegraph* (11 septembre 2014). http://www.telegraph.co.uk/news/worldnews/southamerica/brazil/11085420/Pantanal-The-activists-fighting-to-preserve-Brazils-pristine-wetlands.html

Toutes les statistiques de la FAO (Organisation des Nations unies pour l'alimentation et l'agriculture) sur la pêche dans le monde : http://www.fao.org/fishery/statistics/fr

Suivez les Pêcheurs autour du monde en images grâce à ces liens flashcodes vers les films que nous avons réalisés.

Madagascar

https://www.youtube.com/watch?v=P9y_QZCyBIE

Tanzanie

https://www.youtube.com/watch?v=eJGzqRJN7Ko

Kenya

https://www.youtube.com/watch?v=5SnNCJK5CMQ

Inde

https://www.youtube.com/watch?v=mgVUdxXheAk

Thaïlande

https://www.youtube.com/watch?v=6I_0HuR9spo&feature=youtu.be

Indonésie

https://www.youtube.com/watch?v=5ryqYctytQ0

Chili

https://www.youtube.com/watch?v=HbHw0bV0vX4

Brésil

https://www.youtube.com/watch?v=blVlNX8B1Ac

Glossaire

Chasse au collet (p. 212)

Le montage consiste à **entortiller** finement l'une des extrémités du fil métallique autour de la branche ou de la racine. Un nœud coulant est préparé à l'autre extrémité d'une ouverture adaptée au caïman. Il est disposé verticalement dans le passage, afin d'enserrer la gorge de l'animal qui y passera.

Palangrotte (p. 22)

la palangrotte est un **instrument de pêche** qui consiste en quelques longueurs de nylon et en un (voire plusieurs) hameçons. Le fil peut se tenir à la main ou être accroché à un morceau de liège.

Pêche à la senne (p. 90)

La pêche à la senne est une technique de pêche très ancienne qui consiste à **capturer les poissons** à la surface en pleine eau en les encerclant au moyen d'un filet de pêche appelé «senne».

Pêche à la traîne (p. 94)

La pêche à la traîne est une technique de pêche pratiquée aussi bien en mer qu'en eau douce. Elle consiste à laisser traîner le leurre ou le vif derrière un **bateau en mouvement**, à une vitesse lente ou moyenne. Dans les eaux tropicales, elle permet la capture de mérous, carangues, thons…

Pêche à l'épervier (p. 212)

L'épervier est un **filet conique** qui se lance à la main. Il se referme et emprisonne les poissons quand il est relevé.

Pêche à l'explosif (p. 49)

Elle consiste à **bombarder** une zone de mer, ce qui envoie une puissante onde de choc et tue les poissons alentour. Il suffit alors de les récolter à la surface. Cette technique de pêche illégale menace directement les écosystèmes fragiles comme les récifs coralliens.

Pêche au casier (p. 131)

Les casiers sont des **pièges** utilisés par les pêcheurs. Il s'agit d'une cage avec une petite ouverture unique en forme d'entonnoir.

Rumpon/DCP, dispositif de concentration de poissons (p. 156)

C'est un **système flottant**, naturel ou construit par l'homme, qui concentre en certains points des océans la faune pélagique.

Remerciements

Ce livre aurait-il vu le jour sans tous ceux qui nous ont soutenus depuis les balbutiements du projet ? Aurions-nous osé, le temps d'une année, mettre entre parenthèses nos études, nos week-ends en famille ou entre amis sans vos encouragements ?
Nous serions partis, certainement, mais moins loin, moins longtemps. Et nous n'aurions probablement pas rencontré tous ces pêcheurs du bout du monde.
Alors merci ! Merci à vous, qui, d'une manière ou d'une autre, avez accompagné Pêcheurs autour du monde durant l'année de préparation, puis celle des pérégrinations, et enfin les quelques mois de rédaction du présent livre. Collectivement ou nommément, nous avons une pensée particulière pour tous les pêcheurs malgaches, tanzaniens, kenyans, indiens, indonésiens, chiliens, paraguayens et brésiliens qui nous ont ouvert leurs bras et leurs bateaux. Quel privilège d'avoir pu découvrir ainsi un fragment de leur culture, de leur vie quotidienne.

À toi,
- Rachidine, qui nous a fait vivre sur ton île malgache parmi ta grande famille et nous a appris à harponner poissons et crustacés en apnée,
- Abasi, qui nous a pris son ton aile et guidés dans la brousse tanzanienne jusqu'aux villages des Massaïs,
- Simeon, qui a toujours gardé ta bonne humeur malgré l'absence de perche du Nil au bout de tes hameçons,
- Sahayam, qui a osé nous prendre à ton bord alors que la loi indienne te l'interdisait,
- Nomadon, qui a veillé sur nous toute une nuit lorsque nous dormions sur la rivière Kra Buri,
- Tison, qui a tout fait pour que nous parlions de ton île de Pulau Bungin comme d'un paradis terrestre,
- Mauricio, qui nous a réchauffé le cœur avec ta soupe de cochon chilote,
- Francisco, qui nous a impressionnés avec tes démonstrations de pêche à l'épervier sur le río Paraguay.

Nous exprimons également notre gratitude à Hasina Ramalanjaona, la famille Mac Si Hone, Sylvain Legrand, Jonathan Campaigne, Shan-Mia Kennedy, Rachid, Viviane, Darrell, Mwalemu, Mbaruku Mbalamwezi, Ponnilaï, Kalyan, Gynthka, Tot, Nuk-Nuk, professeur Franz, Opa, Myriam Hasni, Pae Nope, Benoît Dumeau, Claudia et Loïc, Veronica et Oscar, la famille de Boisse, Manuel Muñoz, Carmen, Xavier Desalbres, et tous les autres qui nous ont également accueillis sous leur toit, ont répondu à nos questions indiscrètes et partagé des moments de bonne humeur avec nous.

Lindsey West, directrice de l'ONG Sea Sense à Dar es-Salaam en Tanzanie, Mark Omondi, chef de projet pour l'ONG Uhai Lake Forum au Kenya, le professeur Poyyamoli, écologue à Pondichéry, et Thomaz Lipparelli, biologiste à Campo Grande au Brésil, nous ont fourni des explications essentielles pour mieux comprendre la situation de la pêche artisanale dans le monde. À ces scientifiques engagés, merci infiniment.

Merci à Pecheur.com pour son important soutien et pour avoir largement partagé notre voyage avec ses clients pêcheurs d'Europe, qu'on espère sensibilisés aux enjeux de la pêche dans le monde. Nous saluons Pascal Bacoux, qui a été le premier à encourager notre initiative et pour qui nous avons rédigé des articles dans le magazine *La Pêche et les poissons*. Enfin, nous remercions le ministère de l'Écologie, du Développement durable et de l'Énergie, l'institut polytechnique LaSalle Beauvais, l'association Solidari'Terre, la mairie de Paris, le CROUS Amiens-Picardie, et Caperlan. Sans oublier les partenaires de notre Périgord natal : Biofertil, SADL, SCEA de Coutancie, Périgord Chasse Pêche, Decathlon Périgueux-Boulazac, et la Banque populaire de Thiviers. Nous n'oublions pas les écoliers de l'école Maurice-Albe de Périgueux, qui nous ont étonnés lors de nos visioconférences par leur vivacité et leur curiosité intarissable sur l'écologie, les poissons ou la vie des pêcheurs. Merci à leur directrice Marie-Noëlle Boisseuil et à leur professeur Jean-Jacques Renault.

Pour finir, une pensée pour nos familles qui nous ont chaque jour encouragés (non sans crainte !) et nos amis qui, même lorsque mers et océans nous séparaient, n'étaient jamais bien loin.

Conception et réalisation graphique :
Séverine Morizet
Relecture et correction :
Claire Lemoine
Équipe éditoriale Styles

Photogravure : APS
ISBN 978-2-7324-6645-3
Dépôt légal : mars 2015
Achevé d'imprimer en février 2015
sur les presses de l'imprimerie Pollina - L70682
Imprimé en France